Diogenes Taschenbuch 250/22

Friedrich Dürrenmatt

Werkausgabe in dreißig Bänden

Herausgegeben in Zusammenarbeit mit dem Autor

Band 22

Friedrich Dürrenmatt

Das Versprechen

Requiem auf den Kriminalroman

Aufenthalt in einer kleinen Stadt

Fragment

Diogenes

Umschlag: Detail aus ›Minotaurus‹ von Friedrich Dürrenmatt.

Das Versprechen erschien erstmals 1958 im Verlag der Arche, Zürich.

Aufenthalt in einer kleinen Stadt, ein Romanfragment, wird hier erstmals veröffentlicht. Das Kapitel ›Im Coiffeurladen‹ erschien am 21. April 1957 in der ›Neuen Zürcher Zeitung‹.

Die Texte wurden für diese Ausgabe durchgesehen und korrigiert. Redaktion: Thomas Bodmer.

Diogenes Verlag AG Zürich, 1980
120/80/8/1
ISBN 3 257 20852 9

Inhalt

Das Versprechen

Requiem auf den Kriminalroman

1957

Im März dieses Jahres hatte ich vor der Andreas-Dahinden-Gesellschaft in Chur über die Kunst, Kriminalromane zu schreiben, einen Vortrag zu halten. Ich traf mit dem Zug erst beim Einnachten ein, bei tiefliegenden Wolken und tristem Schneegestöber, dazu war alles vereist. Die Veranstaltung fand im Saale des Kaufmännischen Vereins statt. Publikum war nur spärlich vorhanden, da gleichzeitig in der Aula des Gymnasiums Emil Staiger über den späten Goethe las. Weder ich noch sonst jemand kam in Stimmung, und mehrere Einheimische verließen den Saal, bevor ich den Vortrag beendet hatte. Nach einem kurzen Zusammensein mit einigen Mitgliedern des Vorstandes, mit zwei, drei Gymnasiallehrern, die auch lieber beim späten Goethe gewesen wären, sowie einer wohltätigen Dame, die den Verband der Ostschweizerischen Hausangestellten ehrenhalber betreute, zog ich mich nach quittiertem Honorar und Reisespesen ins Hotel Steinbock nahe beim Bahnhof zurück, wo man mich einlogiert hatte. Doch auch hier Trostlosigkeit. Außer einer deutschen Wirtschaftszeitung und einer alten ›Weltwoche‹ war keine Lektüre aufzutreiben, die Stille des Hotels unmenschlich, an Schlaf nicht zu denken, weil die Angst hochkam, dann nicht mehr zu erwachen. Die Nacht zeitlos, gespenstisch. Draußen hatte es zu schneien aufgehört, alles war ohne Bewegung, die Straßenlampen schwankten nicht mehr, kein Windstoß, kein

Churer, kein Tier, nichts, nur vom Bahnhof her hallte es einmal himmelweit. Ich ging zur Bar, um noch einen Whisky zu trinken. Außer der älteren Bardame fand ich dort noch einen Herrn, der sich mir vorstellte, kaum daß ich Platz genommen hatte. Es war Dr. H., der ehemalige Kommandant der Kantonspolizei Zürich, ein großer und schwerer Mann, altmodisch, mit einer goldenen Uhrkette quer über der Weste, wie man dies heute nur noch selten sieht. Trotz seines Alters waren seine borstigen Haare noch schwarz, der Schnurrbart buschig. Er saß an der Bar auf einem der hohen Stühle, trank Rotwein, rauchte eine Bahianos und redete die Bardame mit Vornamen an. Seine Stimme war laut und seine Gesten waren lebhaft, ein unzimperlicher Mensch, der mich gleicherweise anzog wie abschreckte. Als es schon gegen drei ging und zum ersten Johnnie Walker vier weitere gekommen waren, erbot er sich, mich am nächsten Morgen mit seinem Opel Kapitän nach Zürich zu schaffen. Da ich die Gegend um Chur und überhaupt diesen Teil der Schweiz nur flüchtig kannte, nahm ich die Einladung an. Dr. H. war als Mitglied einer eidgenössischen Kommission nach Graubünden gekommen und hatte, da ihn das Wetter an der Rückfahrt hinderte, ebenfalls meinen Vortrag besucht, ließ sich jedoch nicht darüber aus, nur daß er einmal meinte: »Sie tragen ziemlich ungeschickt vor.«

Am nächsten Morgen machten wir uns auf den Weg. Ich hatte in der Dämmerung – um noch etwas schlafen zu können – zwei Medomin genommen und war wie gelähmt. Es war immer noch nicht recht hell, obgleich schon lange Tag. Irgendwo glänzte ein Stück metallener Himmel. Sonst schoben sich nur Wolken dahin, lastend, träge, noch voll Schnee; der Winter schien diesen Teil des Landes nicht verlassen zu wollen. Die Stadt war von Bergen eingekesselt, die jedoch nichts Majestätisches aufwiesen, sondern eher Erdaufschüttungen glichen, als wäre ein unermeßliches Grab ausgehoben worden. Chur selbst offenbar steinig, grau, mit großen Verwaltungsgebäuden. Es kam mir unglaubhaft vor, daß hier Wein wuchs. Wir versuchten, in die Altstadt einzudringen, doch verirrte sich der schwere Wagen, wir gerieten in enge Sackgassen und Einbahnstraßen, schwierige Rückzugsmanöver waren nötig, um aus dem Gewirr der Häuser hinauszukommen; dazu war das Pflaster vereist, so daß wir froh waren, die Stadt endlich hinter uns zu wissen, obgleich ich nun eigentlich nichts von diesem alten Bischofssitz gesehen hatte. Es war wie eine Flucht. Ich döste vor mich hin, bleiern und müde; schattenhaft schob sich in den tiefliegenden Wolken ein verschneites Tal an uns vorbei, starr vor Kälte. Ich weiß nicht, wie lange. Dann fuhren wir gegen ein größeres Dorf, vielleicht Städtchen, vorsichtig, bis auf einmal alles in der Sonne lag, in einem so mächtigen und blendenden Licht, daß die Schneeflächen zu tauen anfingen. Ein weißer Bodennebel stieg auf, der sich merkwürdig über den Schneefeldern ausmachte und mir den Anblick des Tales aufs neue entzog. Es ging wie in einem bösen Traume zu, wie verhext, als sollte ich dieses Land, diese Berge nie kennenlernen. Wieder kam die Müdigkeit, dazu das unangenehme Geprassel von Kies, mit dem man die Straße bestreut hatte; auch gerieten wir bei einer Brücke leicht ins Rutschen; dann ein Militärtransport; die Scheibe wurde so schmutzig, daß die Wischer sie nicht mehr reinigen konnten. H. saß mürrisch neben mir am Steuer, in sich versunken, auf die schwierige Straße konzentriert. Ich bereute, die Einladung angenommen zu haben, verwünschte den Whisky und das

Medomin. Doch nach und nach wurde es besser. Das Tal war wieder sichtbar, auch menschlicher. Überall Höfe, hie und da kleine Industrien, alles reinlich und karg, die Straße nun ohne Schnee und Eis, nur glänzend vor Nässe, doch sicher, so daß eine anständigere Geschwindigkeit möglich wurde. Die Berge hatten Platz gemacht, beengten nicht mehr, und bei einer Tankstelle hielten wir.

Das Haus machte gleich einen sonderbaren Eindruck, vielleicht weil es sich von seiner properen schweizerischen Umgebung abhob. Es war erbärmlich, troff von Nässe; Bäche flossen an ihm nieder. Zur Hälfte war das Haus aus Stein, zur Hälfte eine Scheune, deren Holzwand längs der Straße mit Plakaten beklebt war, seit langem offenbar, denn es hatten sich ganze Schichten übereinandergeklebter Plakate gebildet: Burrus Tabake auch in modernen Pfeifen, Trinkt Canada Dry, Sport Mint, Vitamine, Lindt Milchschokolade usw. An der Breitwand stand riesenhaft: Pneu Pirelli. Die beiden Tanksäulen befanden sich vor der steinernen Hälfte des Hauses auf einem unebenen, schlecht gepflasterten Platz; alles machte einen verkommenen Eindruck, trotz der Sonne, die jetzt beinahe stechend, bösartig schien.

»Steigen wir aus«, sagte der ehemalige Kommandant, und ich gehorchte, ohne zu begreifen, was er vorhatte, doch froh, an die frische Luft zu kommen.

Neben der offenen Haustüre saß ein alter Mann auf einer Steinbank. Er war unrasiert und ungewaschen, trug einen hellen Kittel, der schmuddelig und verfleckt war, und dazu dunkle, speckig schimmernde Hosen, die einmal zu einem Smoking gehört hatten. An den Füßen alte Pantoffeln. Er stierte vor sich hin, verblödet, und ich roch schon von weitem den Schnaps. Absinth. Um die Steinbank herum war das Pflaster mit Zigarettenstummeln bedeckt, die im Schmelzwasser schwammen.

»Grüß Gott«, sagte der Kommandant, auf einmal verlegen, wie mir schien. »Füllen Sie bitte auf. Super. Und reinigen Sie auch die Scheiben.« Dann wandte er sich zu mir. »Gehen wir hinein.«

Erst jetzt bemerkte ich über dem einzigen sichtbaren Fenster ein Wirtshausschild, eine rote Blechscheibe, und über der Tür war zu lesen: Zur Rose. Wir betraten einen schmutzigen Korridor. Gestank von Schnaps und Bier. Der Kommandant ging voran, öffnete eine Holztüre, offenbar kannte er sich aus. Die Gaststube war armselig und dunkel, einige rohe Tische und Bänke, an den Wänden Filmstars, aus Illustrierten herausgeschnitten und an die Mauer geklebt; der österreichische Rundfunk gab einen Marktbericht für Tirol durch, und hinter der Theke stand kaum erkennbar eine hagere Frau. Sie trug einen Morgenrock, rauchte eine Zigarette und spülte die Gläser.

»Zwei Kaffee-Creme«, bestellte der Kommandant.

Die Frau begann zu hantieren, und aus dem Nebenzimmer kam eine schlampige Kellnerin, die ich auf etwa dreißig schätzte.

»Sie ist sechzehn«, brummte der Kommandant.

Das Mädchen servierte. Es trug einen schwarzen Rock und eine weiße, halb offene Bluse, unter der es nichts anhatte; die Haut war ungewaschen. Die Haare waren blond, wie wohl auch einmal die der Frau hinter der Theke, und ungekämmt.

»Danke, Annemarie«, sagte der Kommandant und legte das Geld auf den Tisch. Auch das Mädchen antwortete nicht, bedankte sich nicht einmal. Wir tranken schweigend. Der Kaffee war entsetzlich. Der Kommandant zündete sich eine Bahianos an. Der österreichische Rundfunk war zum Wasserstand übergewechselt und das Mädchen ins Nebenzimmer gelatscht, in welchem wir etwas Weißliches schimmern sahen, offenbar ein ungemachtes Bett.

»Gehen wir«, meinte der Kommandant.

Draußen zahlte er nach einem Blick auf die Tanksäule. Der Alte hatte Benzin nachgefüllt und auch die Scheiben gereinigt.

»Das nächste Mal«, sagte der Kommandant zum Abschied, und wieder fiel mir seine Hilflosigkeit auf; doch antwortete der Alte auch jetzt nichts, sondern saß schon wieder auf seiner Bank und stierte vor sich hin, verblödet, erloschen. Als wir den Opel Kapitän erreicht hatten und uns noch einmal umwandten, ballte der Alte seine Hände zu Fäusten, schüttelte sie und flüsterte, die Worte ruckweise hervorstoßend, das Gesicht verklärt von einem unermeßlichen Glauben: »Ich warte, ich warte, er wird kommen, er wird kommen.«

»Um ehrlich zu sein«, begann Dr. H. später, als wir uns anschickten, über den Kerenzerpaß zu kommen – die Straße war aufs neue vereist, und unter uns lag der Walensee, gleißend, kalt, abweisend; auch hatte sich die bleierne Müdigkeit des Medomins wieder eingestellt, die Erinnerung an den Rauchgeschmack des Whiskys, das Gefühl, in einem Traum endlos sinnlos dahinzugleiten –, »um ehrlich zu sein, ich habe nie viel von Kriminalromanen gehalten und bedaure, daß auch Sie sich damit abgeben. Zeitverschwendung. Was Sie gestern in Ihrem Vortrag ausführten, läßt sich zwar hören; seit die Politiker auf eine so sträfliche Weise versagen – und ich muß es ja wissen, bin selbst einer, Nationalrat, wie Ihnen bekannt sein dürfte (es war mir nicht bekannt, ich hörte seine Stimme wie von ferne, verschanzt hinter meiner Müdigkeit, doch aufmerksam wie ein Tier im Bau) –, hoffen die Leute eben, daß wenigstens die Polizei die Welt zu ordnen verstehe, wenn ich mir auch keine lausigere Hoffnung vorstellen kann. Doch wird leider in all diesen Kriminalgeschichten ein noch ganz anderer Schwindel getrieben. Damit meine ich nicht einmal den Umstand, daß eure Verbrecher ihre Strafe finden. Denn dieses schöne Märchen ist wohl moralisch notwendig. Es gehört zu den staatserhaltenden Lügen, wie etwa auch der fromme Spruch, das Verbrechen lohne sich nicht – wobei man doch nur die menschliche Gesellschaft zu betrachten braucht, um die Wahrheit über diesen Punkt zu erfahren –, all dies will ich durchgehen lassen, und sei es auch nur aus Geschäftsprinzip, denn jedes Publikum und jeder Steuerzahler hat ein Anrecht auf seine Helden und sein Happy-End, und dies zu liefern sind wir von der Polizei und ihr von der Schriftstellerei gleicherweise verpflichtet. Nein, ich ärgere mich vielmehr über die Handlung in euren Romanen. Hier wird der Schwindel zu toll und zu unverschämt. Ihr baut eure Handlungen logisch auf; wie bei einem Schachspiel geht es zu, hier der Verbrecher, hier das Opfer, hier der Mitwisser, hier der Nutznießer; es genügt, daß der Detektiv die Regeln kennt und die Partie wiederholt, und schon hat er den Verbrecher gestellt, der Gerechtigkeit zum Siege verholfen. Diese Fiktion macht mich wütend. Der Wirklichkeit ist mit Logik nur zum Teil beizukommen. Dabei, zugegeben, sind gerade wir von der Polizei gezwungen, ebenfalls logisch vorzugehen, wissenschaftlich; doch die Störfaktoren, die uns ins Spiel pfuschen, sind so häufig, daß allzu oft nur das reine Berufsglück und der Zufall zu unseren Gunsten entscheiden. Oder zu unseren Ungunsten. Doch in euren Romanen spielt der Zufall keine Rolle, und wenn etwas nach Zufall aussieht, ist es gleich Schicksal und Fügung gewesen; die Wahrheit wird seit jeher von euch Schriftstellern den dramaturgischen Regeln zum Fraße hingeworfen. Schickt diese Regeln endlich zum Teufel. Ein Geschehen kann schon allein deshalb nicht wie eine Rechnung aufgehen, weil wir nie alle notwendigen Faktoren kennen, sondern nur einige wenige, meistens recht nebensächliche. Auch spielt das Zufällige, Unberechenbare, Inkommensurable eine zu große Rolle. Unsere Gesetze fußen nur auf Wahrscheinlichkeit, auf Statistik, nicht auf Kausalität, treffen nur im allgemeinen zu, nicht im besonderen. Der Einzelne steht außerhalb der Berechnung. Unsere kriminalistischen Mittel sind unzulänglich, und je mehr wir sie ausbauen, desto unzulänglicher werden sie im Grunde. Doch ihr von der Schriftstellerei kümmert euch nicht darum. Ihr versucht nicht, euch mit einer Realität herumzuschlagen, die sich uns immer wieder entzieht, sondern ihr stellt eine Welt auf, die zu bewältigen ist. Diese Welt mag vollkommen sein, möglich, aber sie ist eine Lüge. Laßt die Vollkommenheit fahren, wollt ihr weiterkommen, zu den Dingen, zu der Wirklichkeit, wie es sich für Männer schickt, sonst bleibt ihr sitzen, mit nutzlosen Stilübungen beschäftigt. Doch nun zur Sache.

Sie haben wohl diesen Morgen über Verschiedenes gestaunt. Vorerst über meine Rede, denke ich; ein ehemaliger Kommandant der Kantonspolizei Zürich sollte wohl gemäßigtere Ansichten pflegen, aber ich bin alt und mache mir nichts mehr vor. Ich weiß, wie fragwürdig wir alle dastehen, wie wenig wir vermögen, wie leicht wir uns irren, aber auch, daß wir eben trotzdem handeln müssen, selbst wenn wir Gefahr laufen, falsch zu handeln.

Dann werden Sie sich auch gewundert haben, weshalb ich vorhin bei dieser erbärmlichen Tankstelle haltmachte, und ich will es Ihnen gleich gestehen: Das traurige, versoffene Wrack, das uns mit Benzin bediente, war mein fähigster Mann. Ich habe, weiß Gott, etwas von meinem Beruf verstanden, aber Matthäi war ein Genie, und das in einem größeren Maße als einer eurer Detektive.

Die Geschichte hat sich vor nun bald neun Jahren ereignet«, fuhr H. fort, nachdem er einen Lastwagen der Shell-Kompanie überholt hatte. »Matthäi war einer meiner Kommissäre, oder besser, einer meiner Oberleutnants, denn wir führen bei der Kantonspolizei militärische Rangbezeichnungen. Er war Jurist wie ich. Er hatte als Basler in Basel doktoriert und wurde, zuerst in gewissen Kreisen, die mit ihm ›beruflich‹ in Berührung kamen, dann aber auch bei uns ›Matthäi am Letzten‹ genannt. Er war ein einsamer Mensch, stets sorgfältig gekleidet, unpersönlich, formell, beziehungslos, der weder rauchte noch trank, aber hart und unbarmherzig sein Metier beherrschte, ebenso verhaßt wie erfolgreich. Ich bin nie recht klug aus ihm geworden. Ich war wohl der einzige, der ihn mochte – weil ich klare Menschen überhaupt liebe, wenn mir auch seine Humorlosigkeit oft auf die Nerven ging. Sein Verstand war überragend, doch durch das allzu solide Gefüge unseres Landes gefühllos geworden. Er war ein Mann der Organisation, der den Polizei-Apparat wie einen Rechenschieber handhabte. Verheiratet war er nicht, sprach überhaupt nie von seinem Privatleben und hatte wohl auch keines. Er hatte nichts im Kopf als seinen Beruf, den er als ein Kriminalist von Format, doch ohne Leidenschaft ausübte. So hartnäkkig und unermüdlich er auch vorging, seine Tätigkeit schien ihn zu langweilen, bis er eben in einen Fall verwickelt wurde, der ihn plötzlich leidenschaftlich werden ließ.

Dabei stand Dr. Matthäi gerade damals auf dem Höhepunkt seiner Karriere. Es hatte mit ihm beim Departement einige Schwierigkeiten gegeben. Der Regierungsrat mußte damals langsam an meine Pensionierung denken und somit auch an meinen Nachfolger. Eigentlich wäre nur Matthäi in Frage gekommen. Doch stellten sich der zukünftigen Wahl Hindernisse entgegen, die nicht zu übersehen waren. Nicht nur, daß er keiner Partei angehörte, auch die Mannschaft hätte wohl Schwierigkeiten gemacht. Anderseits bestanden aber oben wiederum Hemmungen, einen so tüchtigen Beamten zu übergehen; weshalb denn die Bitte des jordanischen Staates an die Eidgenossenschaft, nach Amman einen Fachmann zu schicken, mit dem Auftrag, die dortige Polizei zu reorganisieren, wie gerufen kam: Matthäi wurde von Zürich vorgeschlagen und sowohl von Bern als auch von Amman akzeptiert. Alles atmete erleichtert auf. Auch ihn freute die Wahl, nicht nur beruflich. Er war damals fünfzigjährig – etwas Wüstensonne tat gut; er freute sich auf die Abreise, auf den Flug über Alpen und Mittelmeer, dachte wohl überhaupt an einen endgültigen Abschied, deutete er doch an, daß er nachher zu seiner Schwester in Dänemark ziehen wolle, die dort als Witwe lebte – und war eben mit der Liquidierung seines Schreibtisches im Gebäude der Kantonspolizei in der Kasernenstraße beschäftigt, als der Anruf kam.«

»Matthäi wurde nur mit Mühe aus dem verworrenen Bericht klug«, setzte der Kommandant seine Erzählung fort. »Es war einer seiner alten ›Kunden‹, der aus Mägendorf anrief, aus einem kleinen Nest in der Nähe von Zürich, ein Hausierer namens von Gunten. Matthäi hatte eigentlich keine Lust, sich noch an seinem letzten Nachmittag in der Kasernenstraße mit dem Fall zu befassen, war doch das Flugbillett schon gelöst und der Abflug in drei Tagen fällig. Aber ich war abwesend, auf einer Konferenz der Polizeikommandanten, und erst gegen Abend aus Bern zurück zu erwarten. Richtiges Handeln war notwendig, Unerfahrenheit konnte alles vereiteln. Matthäi ließ sich mit dem Polizeiposten Mägendorf verbinden. Es war gegen Ende April, draußen rauschten Regengüsse nieder, der Föhnsturm hatte nun auch die Stadt erreicht, doch wich die unangenehme, bösartige Wärme nicht, welche die Menschen kaum atmen ließ.

Der Polizist Riesen meldete sich.

›Regnet es in Mägendorf auch?‹ fragte Matthäi vorerst unmutig, obgleich die Antwort zu erraten war, und sein Gesicht wurde noch düsterer. Dann gab er die Anweisung, den Hausierer im ›Hirschen‹ unauffällig zu bewachen.

Matthäi hängte auf.

›Etwas passiert?‹ fragte Feller neugierig, der seinem Chef beim Packen half. Es galt, eine ganze Bibliothek fortzuschaffen, die sich nach und nach angesammelt hatte.

›Auch in Mägendorf regnet es‹, antwortete der Kommissär, ›alarmieren Sie das Überfallkommando.‹

›Mord?‹

›Regen ist eine Schweinerei‹, murmelte Matthäi anstelle einer Antwort, gleichgültig gegen den beleidigten Feller.

Bevor er jedoch zum Staatsanwalt und zu Leutnant Henzi in den Wagen stieg, die ungeduldig warteten, blätterte er in von Guntens Akten. Der Mann war vorbestraft. Sittlichkeitsdelikt an einer Vierzehnjährigen.«

»Doch schon der Befehl, den Hausierer zu überwachen, erwies sich als ein Fehler, der in keiner Weise vorauszusehen war. Mägendorf stellte ein kleines Gemeinwesen dar. Die meisten waren Bauern, wenn auch einige in den Fabriken unten im Tal arbeiteten oder in der nahen Ziegelei. Zwar gab es einige Städter, die hier draußen wohnten, zwei, drei Architekten, einen klassizistischen Bildhauer, doch spielten sie im Dorf keine Rolle. Alles kannte sich, und die meisten waren miteinander verwandt. Mit der Stadt lag das Dorf im Konflikt, wenn auch nicht offiziell, so doch heimlich; denn die Wälder, die Mägendorf umgaben, gehörten der Stadt, eine Tatsache, die kein richtiger Mägendorfer je zur Kenntnis genommen, was der Forstverwaltung einst viele Sorgen gemacht hatte. Sie war es denn gewesen, die vor Jahren für Mägendorf einen Polizeiposten gefordert und erlangt hatte, wozu noch der Umstand gekommen war, daß an den Sonntagen die Städter das Dörfchen in Strömen annektierten und der ›Hirschen‹ auch nachts viele anlockte. Dies alles erwogen, mußte der stationierte Polizeimann sein Handwerk verstehen, doch war anderseits dem Dorfe menschlicherweise auch entgegenzukommen. Diese Einsicht war dem Polizeisoldaten Wegmüller, den man ins Dorf beorderte, bald aufgegangen. Er stammte aus einer Bauernfamilie, trank viel und hielt seine Mägendorfer souverän im Zaum, mit so vielen Konzessionen freilich, daß ich eigentlich hätte einschreiten sollen, doch sah ich in ihm – auch etwas durch den Personalmangel gezwungen – das kleinere Übel. Ich hatte Ruhe und ließ Wegmüller in Ruhe. Doch hatten seine Stellvertreter – wenn er in den Ferien war – nichts zu lachen. Sie machten in den Augen der Mägendorfer alles falsch. Wenn auch die Wildereien und Holzdiebstähle in den städtischen Forstgebieten und die Raufereien im Dorfe seit der Hochkonjunktur längst zur Legende gehörten, der traditionelle Trotz gegen die Staatsgewalt glomm unter der Bevölkerung weiter. Besonders Riesen hatte es diesmal schwer. Er war ein einfältiger Bursche, schnell beleidigt und humorlos, den ständigen Witzeleien der Mägendorfer nicht gewachsen und eigentlich auch für normalere Gegenden zu sensibel. Er machte sich aus Furcht vor der Bevölkerung unsichtbar, hatte er die täglichen Dienstgänge und Kontrollen hinter sich gebracht. Unter diesen Umständen mußte es sich als unmöglich erweisen, den Hausierer unauffällig zu beobachten. Das Erscheinen des Polizisten im ›Hirschen‹, den er sonst ängstlich mied, kam von vornherein einer Staatsaktion gleich. Riesen setzte sich denn auch so demonstrativ dem Hausierer gegenüber, daß die Bauern neugierig verstummten.

›Kaffee?‹ fragte der Wirt.

›Nichts‹, antwortete der Polizist, ›ich bin dienstlich hier.‹

Die Bauern starrten neugierig auf den Hausierer.

›Was hat er denn gemacht?‹ fragte ein alter Mann.

›Das geht Sie nichts an.‹

Die Gaststube war niedrig, verqualmt, eine Höhle aus Holz, die Wärme drückend, doch machte der Wirt kein Licht. Die Bauern saßen an einem langen Tisch, vielleicht vor Weißwein, vielleicht vor Bier, nur als Schatten vor den silbrigen Fensterscheiben sichtbar, an denen es niedertropfte, niederfloß. Irgendwo das Klappern von Tischfußball. Irgendwo das Klingeln und Rollen eines amerikanischen Spielautomaten.

Von Gunten trank einen Kirsch. Er fürchtete sich. Er saß zusammengekauert im Winkel, den rechten Arm auf den Henkel seines Korbes gestützt, und wartete. Es schien ihm, als säße er schon stundenlang hier. Alles war dumpf und still, doch drohend. In den Fensterscheiben wurde es heller, der Regen ließ nach, und plötzlich war die Sonne wieder da. Nur der Wind heulte noch und rüttelte am Gemäuer. Von Gunten war froh, als draußen endlich die Wagen vorfuhren.

›Kommen Sie‹, sagte Riesen und erhob sich. Die beiden traten hinaus. Vor der Wirtschaft wartete eine dunkle Limousine und der große Wagen des Überfallkommandos; die Sanität folgte. Der Dorfplatz lag in der grellen Sonne. Am Brunnen standen zwei Kinder, fünf- oder sechsjährig, ein Mädchen und ein Bub, das Mädchen mit einer Puppe unter dem Arm. Der Knabe mit einer kleinen Geißel.

›Setzen Sie sich neben den Chauffeur, von Gunten!‹ rief Matthäi zum Fenster der Limousine hinaus, und dann, nachdem der Hausierer aufatmend, als wäre er nun in Sicherheit, Platz genommen und Riesen den andern Wagen bestiegen hatte: ›So, nun zeigen Sie uns, was Sie im Walde gefunden haben.‹«

»Sie gingen durchs nasse Gras, da der Weg zum Walde ein einziger schlammiger Tümpel war, und umgaben kurz darauf den kleinen Leichnam, den sie zwischen Büschen, nicht weit vom Waldrand entfernt, im Laub fanden. Die Männer schwiegen. Von den tosenden Bäumen fielen immer noch große silberne Tropfen, glitzerten wie Diamanten. Der Staatsanwalt warf die Brissago weg, trat verlegen darauf. Henzi wagte nicht hinzuschauen. Matthäi sagte: ›Ein Polizeibeamter blickt nie weg, Henzi.‹

Die Männer bauten ihre Apparate auf.

›Es wird schwierig sein, nach diesem Regen Spuren zu finden‹, sagte Matthäi.

Plötzlich standen der Bub und das Mädchen mitten unter den Männern, starrten hin, das Mädchen immer noch mit der Puppe im Arm und der Knabe immer noch mit seiner Geißel.

›Führt die Kinder weg.‹

Ein Polizist brachte die beiden an der Hand auf die Straße zurück. Dort blieben die Kinder stehen.

Vom Dorfe her kamen die ersten Leute, der Hirschenwirt schon von weitem an der weißen Schürze erkennbar.

›Sperrt ab‹, befahl der Kommissär. Einige stellten Posten auf. Andere suchten die nächste Umgebung ab. Dann zuckten die ersten Blitzlichter.

›Kennen Sie das Mädchen, Riesen?‹

›Nein, Herr Kommissär.‹

›Haben Sie es im Dorfe schon gesehen?‹

›Ich glaube, Herr Kommissär.‹

›Ist das Mädchen photographiert worden?‹

›Wir nehmen noch zwei Bilder von oben auf.‹

Matthäi wartete.

›Spuren?‹

›Nichts. Alles verschlammt.‹

›Bei den Knöpfen nachgesehen? Fingerabdrücke?‹

›Aussichtslos nach diesem Wolkenbruch.‹

Dann bückte sich Matthäi vorsichtig. ›Mit einem Rasiermesser‹, stellte er fest, las das herumliegende Gebäck zusammen und tat es vorsichtig ins Körbchen zurück.

›Brezeln.‹

Es wurde gemeldet, einer vom Dorfe wolle sie sprechen. Matthäi stand auf. Der Staatsanwalt blickte zum Waldrand. Dort stand ein Mann mit weißen Haaren, einen Schirm über den linken Unterarm gehängt. Henzi lehnte sich an eine Buche. Er war bleich. Der Hausierer saß auf seinem Korb und beteuerte leise immer wieder: ›Ganz zufällig bin ich vorbeigekommen, ganz zufällig!‹

›Bringen Sie den Mann her.‹

Der weißhaarige Mann kam durchs Gebüsch, erstarrte.

›Mein Gott‹, murmelte er nur, ›mein Gott.‹

›Darf ich um Ihren Namen bitten?‹ fragte Matthäi.

›Ich bin der Lehrer Luginbühl‹, antwortete der weißhaarige Mann leise und schaute weg.

›Kennen Sie dieses Mädchen?‹

›Das Gritli Moser.‹

›Wo wohnen die Eltern?‹

›Im Moosbach.‹

›Weit vom Dorf?‹

›Eine Viertelstunde.‹

Matthäi schaute hin. Er war der einzige, der den Blick wagte. Niemand sagte ein Wort.

›Wie ist das gekommen?‹ fragte der Lehrer.

›Ein Sexualverbrechen‹, antwortete Matthäi.

›Ging das Kind zu Ihnen in die Schule?‹

›Zu Fräulein Krumm. In die dritte Klasse.‹

›Haben Mosers noch mehr Kinder?‹

›Gritli war das einzige.‹

›Jemand muß es den Eltern sagen.‹

Die Männer schwiegen wieder.

›Sie, Herr Lehrer?‹ fragte Matthäi.

Luginbühl antwortete lange nichts. ›Halten Sie mich nicht für feige‹, sagte er endlich zögernd, ›aber ich möchte es nicht tun. Ich kann es nicht‹, fügte er leise hinzu.

›Verstehe‹, sagte Matthäi. ›Der Herr Pfarrer?‹

›In der Stadt.‹

›Gut‹, antwortete Matthäi darauf ruhig. ›Sie können gehen, Herr Luginbühl.‹

Der Lehrer ging zur Straße zurück. Dort hatten sich immer mehr von Mägendorf her angesammelt.

Matthäi blickte zu Henzi hinüber, der immer noch an der Buche lehnte. ›Bitte nicht, Kommissär‹, sagte Henzi leise. Auch der Staatsanwalt schüttelte den Kopf. Matthäi blickte noch einmal hin und dann zum roten Röcklein, das zerrissen im Gebüsch lag, durchtränkt von Blut und Regen.

›Dann werde ich gehen‹, sagte er und hob den Korb mit den Brezeln auf.«

»›Im Moosbach‹ lag in einer kleinen moorartigen Niederung bei Mägendorf. Matthäi hatte den Dienstwagen im Dorfe verlassen und ging zu Fuß. Er wollte Zeit gewinnen. Schon von weitem sah er das Haus. Er blieb stehen und wandte sich um. Er hatte Schritte gehört. Der kleine Bub und das Mädchen waren wieder da, mit gerötetem Gesicht. Sie mußten Abkürzungen benützt haben, anders war ihre erneute Gegenwart nicht zu erklären.

Matthäi ging weiter. Das Haus war niedrig, weiße Mauern mit dunklen Balken, darüber ein Schindeldach. Hinter dem Haus Obstbäume und im Garten schwarze Erde. Vor dem Hause hackte ein Mann Holz. Er blickte auf und bemerkte den herankommenden Kommissär.

›Was wünschen Sie?‹ sagte der Mann.

Matthäi zögerte, war ratlos, stellte sich dann vor und fragte, nur um Zeit zu gewinnen: ›Herr Moser?‹

›Der bin ich, was wollen Sie?‹ sagte der Mann noch einmal. Er kam näher und blieb vor Matthäi stehen, das Beil in der Hand. Er mußte etwa vierzig sein. Er war hager, sein Antlitz zerfurcht, und die grauen Augen betrachteten den Kommissär forschend. In der Türe erschien eine Frau, auch sie in einem roten Rock. Matthäi überlegte, was er sagen sollte. Er hatte sich dies seit langem überlegt, aber er wußte es immer noch nicht. Da kam ihm Moser zu Hilfe. Er hatte den Korb in Matthäis Hand erblickt.

›Ist Gritli etwas geschehen?‹ fragte er und sah aufs neue Matthäi forschend an.

›Haben Sie Ihr Gritli irgendwohin geschickt?‹ fragte der Kommissär.

›Zu ihrer Großmutter in Fehren‹, antwortete der Bauer.

Matthäi überlegte; Fehren war das Nachbardorf. ›Ging Gritli diesen Weg öfters?‹ fragte er.

›Jeden Mittwoch- und Samstagnachmittag‹, sagte der Bauer und fragte dann in einer plötzlichen, jähen Angst: ›Warum wollen Sie das wissen? Weshalb bringen Sie den Korb zurück?‹

Matthäi stellte den Korb auf den Baumstumpf, auf dem Moser Holz gehackt hatte.

›Das Gritli ist im Walde bei Mägendorf tot aufgefunden worden‹, sagte er.

Moser rührte sich nicht. Auch die Frau nicht, die immer noch in der Türe stand in ihrem roten Rock. Matthäi sah, wie dem Manne auf einmal Schweiß über das weiße Gesicht floß, Schweiß in Bächen. Er hätte gern weggeblickt, aber er war gebannt von diesem Gesicht, von diesem Schweiß, und so standen sie da und starrten einander an.

›Das Gritli ist ermordet worden‹, hörte sich Matthäi sagen, mit einer Stimme, die ohne Mitgefühl zu sein schien, was ihn ärgerte.

›Das ist doch nicht möglich‹, flüsterte Moser, ›es kann doch keine solchen Teufel geben‹, und dabei zitterte die Faust mit dem Beil.

‹Es gibt solche Teufel, Herr Moser‹, sagte Matthäi.

Der Mann starrte ihn an.

›Ich will zu meinem Kinde‹, sagte er fast unhörbar.

Der Kommissär schüttelte den Kopf. ›Das würde ich nicht, Herr Moser. Ich weiß, es ist grausam, was ich jetzt sage, aber es ist besser, wenn Sie nicht zu Ihrem Gritli gehen.‹

Moser trat ganz nahe zum Kommissär, so nahe, daß sich die beiden Männer Auge in Auge gegenüberstanden.

›Warum ist es besser?‹ schrie er.

Der Kommissär schwieg.

Noch einen Augenblick lang wog Moser das Beil in der Hand, als wollte er zuschlagen, doch dann wandte er sich um und ging zu der Frau, die immer noch in der Türe stand. Noch immer ohne Bewegung, noch immer stumm. Matthäi wartete. Es entging ihm nichts, und er wußte auf einmal, daß er diese Szene nie mehr vergessen würde. Moser umklammerte seine Frau. Er wurde plötzlich von einem unhörbaren Schluchzen geschüttelt. Er barg sein Gesicht an ihrer Schulter, während sie ins Leere starrte.

›Morgen abend dürfen Sie Ihr Gritli sehen‹, versprach der Kommissär hilflos. »Das Kind wird dann aussehen, als ob es schliefe.‹

Da begann plötzlich die Frau zu sprechen.

›Wer ist der Mörder?‹ fragte sie mit einer Stimme, die so ruhig und sachlich war, daß Matthäi erschrak.

›Das werde ich schon herausfinden, Frau Moser.‹

Die Frau schaute ihn nun an, drohend, gebietend. ›Versprechen Sie das?‹

›Ich verspreche es, Frau Moser‹, sagte der Kommissär, auf einmal nur vom Wunsche bestimmt, den Ort zu verlassen.

›Bei Ihrer Seligkeit?‹

Der Kommissär stutzte. ›Bei meiner Seligkeit‹, sagte er endlich. Was wollte er anderes.

›Dann gehen Sie‹, befahl die Frau. ›Sie haben bei Ihrer Seligkeit geschworen.‹

Matthäi wollte noch etwas Tröstliches sagen und wußte nichts Tröstliches.

›Es tut mir leid‹, sagte er leise und wandte sich um. Er ging langsam den Weg zurück, den er gekommen war. Vor ihm lag Mägendorf mit dem Wald dahinter. Darüber der Himmel nun ohne Wolken. Er erblickte die beiden Kinder wieder, die am Straßenrand kauerten, an denen er müde vorüberschritt und die ihm trippelnd folgten. Dann hörte er plötzlich vom Hause her, hinter sich, einen Schrei wie von einem Tier. Er beschleunigte seinen Schritt und wußte nicht, ob es der Mann oder die Frau war, das so weinte.«

»Nach Mägendorf zurückgekehrt, sah sich Matthäi schon der ersten Schwierigkeit gegenüber. Der große Wagen des Überfallkommandos war ins Dorf gefahren und wartete auf den Kommissär. Der Tatort und seine nähere Umgebung waren genau untersucht und dann abgesperrt worden. Drei Polizisten in Zivil hielten sich im Walde verborgen. Sie hatten den Auftrag, die Passanten zu beobachten. Vielleicht, daß man so auf die Spur des Mörders käme. Der Rest der Mannschaft war in die Stadt zu bringen. Der Himmel war reingefegt, doch hatte der Regen keine Lockerung gebracht. Der Föhn lag immer noch über den Dörfern und Wäldern, brauste heran in großen weichen Stößen. Die unnatürliche schwere Wärme machte die Menschen böse, reizbar, ungeduldig. Die Straßenlampen brannten schon, obgleich es noch Tag war. Die Bauern waren zusammengeströmt. Sie hatten von Gunten entdeckt. Sie hielten ihn für den Täter; Hausierer sind immer verdächtig. Sie glaubten ihn schon verhaftet und umgaben den Wagen des Überfallkommandos. Der Hausierer hielt sich im Innern still. Er kauerte zitternd zwischen den steif sitzenden Polizisten. Die Mägendorfer rückten immer näher an die Wagen heran, preßten die Gesichter an die Scheiben. Die Polizisten wußten nicht, was sie tun sollten. Im Dienstwagen hinter dem Überfallkommando befand sich der Staatsanwalt; auch er wurde festgehalten. Außerdem war noch der Wagen des Gerichtsmediziners eingeschlossen, der von Zürich gekommen war, und jener der Sanität mit der kleinen Leiche, ein weißes Automobil mit rotem Kreuz. Die Männer standen drohend da, doch schweigend; die Frauen klebten an den Häusern. Auch sie schwiegen. Die Kinder waren auf die Einfassung des Dorfbrunnens geklettert. Eine dumpfe Wut, die keinen Plan hatte, rottete die Bauern zusammen. Sie wollten Rache, Gerechtigkeit. Matthäi versuchte sich zum Überfallkommando durchzuschlagen, doch war dies nicht möglich. Das beste war, den Gemeindepräsidenten aufzusuchen. Er fragte nach ihm. Niemand gab Antwort. Nur einige leise Drohworte wurden hörbar. Der Kommissär überlegte und ging ins Wirtshaus. Er täuschte sich nicht, der Gemeindepräsident saß im ›Hirschen‹. Er war ein kleiner, schwerer Mann mit ungesundem Aussehen. Er trank ein Glas Veltliner um das andere und spähte durch die niedrigen Fenster.

›Was soll ich tun, Kommissär?‹ fragte er. ›Die Leute sind störrisch. Sie haben das Gefühl, die Polizei genüge nicht. Sie müßten selbst für die Gerechtigkeit sorgen.‹ Dann seufzte er: ›Das Gritli war ein gutes Kind. Wir liebten es.‹

Dem Gemeindepräsidenten standen Tränen in den Augen.

›Der Hausierer ist unschuldig‹, sagte Matthäi.

›Dann hättet ihr ihn nicht verhaftet.‹

›Er ist nicht verhaftet. Wir brauchen ihn als Zeugen.‹

Der Gemeindepräsident betrachtete Matthäi finster. ›Ihr wollt euch nur herausreden‹, sagte er. ›Wir wissen, was wir zu denken haben.‹

›Als Gemeindepräsident haben Sie vor allem für unseren freien Abzug zu sorgen.‹

Der andere leerte seinen Dreier Roten. Er trank, ohne ein Wort zu sagen.

›Nun?‹ fragte Matthäi unwillig.

Der Gemeindepräsident blieb hartnäckig.

›Dem Hausierer geht es eben an den Kragen‹, brummte er.

Der Kommissär wurde deutlich. ›Dann würde es vorher zum Kampfe kommen, Gemeindepräsident von Mägendorf.‹

›Ihr wollt für einen Lustmörder kämpfen?‹

›Ob er schuldig ist oder nicht, Ordnung muß sein.‹

Der Gemeindepräsident ging zornig in der niedrigen Gaststube auf und ab. Er schenkte sich, da niemand bediente, an der Theke selbst Wein ein. Er trank ihn so hastig, daß große dunkle Streifen über sein Hemd liefen. Die Menge verhielt sich draußen immer noch ruhig. Doch als der Chauffeur versuchte, den Polizeiwagen in Bewegung zu setzen, schlossen sich die Reihen dichter.

Nun betrat auch der Staatsanwalt das Gastzimmer. Er hatte sich mühsam durch die Mägendorfer gezwängt. Seine Kleidung war in Unordnung geraten. Der Gemeindepräsident erschrak. Das Erscheinen eines Staatsanwalts war ihm unbehaglich; als normalem Menschen war ihm dieser Beruf nicht geheuer.

›Herr Gemeindepräsident‹, sagte der Staatsanwalt, ›die Mägendorfer scheinen zur Lynchjustiz greifen zu wollen. Ich sehe keinen anderen Ausweg, als Verstärkung kommen zu lassen. Das wird euch wohl zur Vernunft bringen.‹

›Versuchen wir noch einmal mit den Leuten zu reden‹, schlug Matthäi vor.

Der Staatsanwalt tippte dem Gemeindepräsidenten mit dem Zeigefinger der rechten Hand auf die Brust.

›Wenn Sie uns nicht auf der Stelle vor den Leuten Gehör verschaffen‹, brummte er, ›werden Sie etwas erleben.‹

Draußen begannen die Kirchenglocken Sturm zu läuten. Die Mägendorfer erhielten von allen Seiten Zuzug. Sogar die Feuerwehr rückte auf und nahm gegen die Polizei Stellung. Die ersten Schimpfwörter fielen. Schrill, einzeln.

›Tschugger! Schroter!‹

Die Polizisten machten sich bereit. Sie erwarteten den Angriff der Menge, die immer unruhiger wurde, doch waren sie ebenso hilflos wie die Mägendorfer. Ihre Tätigkeit setzte sich aus Ordnungsdienst und individuellen Aktionen zusammen; hier standen sie etwas Unbekanntem gegenüber. Doch erstarrten die Bauern wieder, wurden ruhiger. Der Staatsanwalt war mit dem Gemeindepräsidenten und Matthäi aus dem ›Hirschen‹ getreten, zu dessen Haustüre eine steinerne Treppe mit einem Eisengeländer führte. ›Mägendorfer‹, verkündete der Gemeindepräsident, ›ich bitte, den Herrn Staatsanwalt Burkhard anzuhören.‹

Es war keine Reaktion der Menge sichtbar. Die Bauern und Arbeiter standen wieder wie vorher, schweigend, drohend, ohne Bewegung unter dem Himmel, der sich mit dem ersten Glanz des Abends überzog; Straßenlaternen schwankten wie blasse Monde über dem Platz. Die Mägendorfer waren entschlossen, den Menschen in ihre Gewalt zu bekommen, den sie für den Mörder hielten. Die Polizeiwagen lagen wie große dunkle Tiere inmitten der Menschenbrandung. Sie versuchten immer wieder loszukommen, die Motoren heulten auf und wurden mutlos wieder abgedrosselt. Sinnlos. Alles war von einer schweren Ratlosigkeit über das Geschehene dieses Tages erfüllt, die dunklen Giebel des Dorfs, der Platz, die Ansammlung der Menschen, als hätte der Mord die Welt vergiftet.

›Leute‹, begann der Staatsanwalt unsicher und leise, doch man hörte jedes Wort, ›Mägendorfer, wir sind erschüttert über das scheußliche Verbrechen. Das Gritli Moser wurde ermordet. Wir wissen nicht, wer das Verbrechen begangen hat ...‹

Weiter kam der Staatsanwalt mit seiner Ansprache nicht.

‹Gebt ihn heraus!‹

Fäuste erhoben sich, Pfiffe ertönten.

Matthäi schaute gebannt auf die Masse.

›Schnell, Matthäi‹, befahl der Staatsanwalt, ›telephonieren Sie. Holen Sie Verstärkung herbei.‹

›Von Gunten ist der Mörder!‹ schrie ein langer, hagerer Bauer mit sonnenverbranntem Gesicht, seit Tagen nicht mehr rasiert. ›Ich habe ihn gesehen, es war sonst niemand im Tälchen!‹

Es war der Bauer, der auf dem Felde gearbeitet hatte.

Matthäi trat nach vorn.

›Leute‹, rief er, ›ich bin Kommissär Matthäi. Wir sind bereit, den Hausierer herauszugeben!‹

So groß war die Überraschung, daß es totenstill wurde.

›Sind Sie verrückt geworden?‹ zischte der Staatsanwalt dem Kommissär aufgeregt zu.

›Seit altersher werden in unserem Lande die Verbrecher durch Gerichte abgeurteilt, wenn sie schuldig, und freigesprochen, wenn sie unschuldig sind‹, fuhr Matthäi fort. ›Ihr habt nun beschlossen, dieses Gericht selbst zu bilden. Ob ihr das Recht dazu habt, wollen wir hier nicht untersuchen, ihr habt euch das Recht genommen.‹

Matthäi sprach klar und deutlich. Die Bauern und Arbeiter lauschten aufmerksam. Es kam ihnen auf jedes Wort an. Weil Matthäi sie ernst nahm, nahmen sie ihn auch ernst.

›Doch etwas‹, fuhr Matthäi fort, ›muß ich von euch verlangen wie von jedem anderen Gericht: Gerechtigkeit. Denn es ist klar, daß wir euch den Hausierer nur dann ausliefern können, wenn wir überzeugt sind, daß ihr die Gerechtigkeit wollt.‹

›Wir wollen sie!‹ schrie einer.

›Euer Gericht hat eine Bedingung zu erfüllen, wenn es ein gerechtes Gericht sein will. Diese Bedingung heißt: Das Unrecht muß vermieden werden. Dieser Bedingung habt auch ihr euch zu unterwerfen.‹

›Angenommen!‹ schrie ein Vorarbeiter der Ziegelfabrik.

›Ihr müßt deshalb untersuchen, ob dem von Gunten Recht oder Unrecht geschieht, wenn er des Mordes beschuldigt wird. Wie ist der Verdacht entstanden?‹

›Der Kerl hat schon einmal gesessen‹, schrie ein Bauer.

›Das erhöht den Verdacht, von Gunten könnte der Mörder sein‹, erläuterte Matthäi, ›aber es ist noch kein Beweis, daß er es wirklich ist.‹

›Ich habe ihn im Tälchen gesehen‹, rief der Bauer mit dem sonnenverbrannten, struppigen Gesicht abermals.

›Kommen Sie herauf‹, forderte ihn der Kommissär auf.

Der Bauer zögerte.

›Geh, Heiri‹, rief einer, ›sei kein Feigling.‹

Der Bauer kam herauf. Unsicher. Der Gemeindepräsident und der Staatsanwalt waren in den Hausgang des ›Hirschen‹ zurückgetreten, so daß Matthäi mit dem Bauern allein auf der Plattform stand.

›Was wollen Sie von mir?‹ fragte der Bauer. ›Ich bin der Benz Heiri.‹

Die Mägendorfer starrten gespannt auf die beiden. Die Polizisten hatten ihre Gummiknüttel wieder eingehängt. Auch sie beobachteten den Vorgang atemlos. Die Dorfjugend war auf die Leiter des Feuerwehrwagens geklettert, die halb hochgefahren war.

›Sie haben den Hausierer von Gunten im Tälchen beobachtet, Herr Benz‹, begann der Kommissär. ›War er allein im Tälchen?‹

›Allein.‹

›Was arbeiteten Sie, Herr Benz?‹

›Ich setzte mit meiner Familie Kartoffeln.‹

›Seit wann taten Sie das?‹

›Seit zehn Uhr. Ich habe auch mit der Familie auf dem Felde zu Mittag gegessen‹, sagte der Bauer.

›Und Sie haben niemand außer dem Hausierer beobachtet?‹

›Niemand, das kann ich beschwören‹, beteuerte der Bauer.

›Das ist doch Unsinn, Benz!‹ rief ein Arbeiter. ›Um zwei bin ich an deinem Kartoffelacker vorbeigekommen!‹

Es meldeten sich zwei weitere Arbeiter. Auch sie hatten um zwei mit dem Fahrrad das Tälchen passiert.

›Und ich bin mit dem Fuhrwerk durchs Tälchen gekommen, du Trottel‹, schrie ein Bauer hinauf. ›Aber du arbeitest ja immer wie verrückt, du Geizhals, und deine Familie muß schuften, daß allen der Rücken krumm geworden ist. Hunderte von nackten Weibern könnten an dir vorbeiziehen, und du würdest nicht aufschauen.‹

Gelächter.

›Der Hausierer war demnach nicht allein im Tälchen‹,

stellte Matthäi fest. ›Doch wir wollen weitersuchen. Parallel zum Walde führt eine Straße in die Stadt. Ist jemand diesen Weg gegangen?‹

›Der Gerber Fritz‹, rief einer.

›Ich habe den Weg gemacht‹, gab ein schwerfälliger Bauer zu, der auf der Feuerspritze saß.

›Mit dem Fuhrwerk.‹

›Wann?‹

›Um zwei.‹

›Von dieser Straße führt ein Waldweg zum Tatort‹, stellte der Kommissär fest. ›Haben Sie jemand bemerkt, Herr Gerber?‹

›Nein‹, brummte der Bauer.

›Oder vielleicht ein parkendes Automobil beobachtet?‹

Der Bauer stutzte. ›Ich glaube‹, sagte er unsicher.

›Wissen Sie das bestimmt?‹

›Irgend etwas war dort.‹

›Vielleicht ein roter Mercedes Sportwagen?‹

›Möglich.‹

›Oder ein grauer Volkswagen?‹

›Auch möglich.‹

›Ihre Antworten sind reichlich unbestimmt‹, sagte Matthäi.

›Ich habe schließlich auf dem Fuhrwerk halb geschlafen‹, gab der Bauer zu. ›Das tut jeder in dieser Hitze.‹

›Dann will ich Sie bei dieser Gelegenheit darauf aufmerksam machen, daß man auf einer öffentlichen Straße nicht schlafen sollte‹, wies ihn Matthäi zurecht.

›Die Pferde passen schon auf‹, sagte der Bauer.

Alle lachten.

›Ihr überblickt nun die Schwierigkeiten, vor denen ihr als Richter steht‹, stellte Matthäi fest. ›Das Verbrechen wurde durchaus nicht in der Einsamkeit begangen. Nur fünfzig Meter von der Familie entfernt, die auf dem Felde arbeitete. Wäre sie aufmerksam gewesen, hätte das Unglück nicht geschehen können. Doch sie war sorglos, weil sie nicht im geringsten mit der Möglichkeit eines solchen Verbrechens rechnete. Sie hatte weder das Mädchen kommen sehen noch die andern, die des Weges kamen. Der Hausierer war ihr aufgefallen, das ist alles. Aber auch Herr Gerber döste auf seinem Fuhrwerk vor sich hin und kann jetzt keine einzige wichtige Aussage mit der nötigen Genauigkeit machen. So steht die Sache. Ist damit der Hausierer überführt? Das müßt ihr euch fragen. Zu seinen Gunsten spricht schließlich, daß er die Polizei alarmiert hat. Ich weiß nicht, wie ihr als Richter vorgehen wollt, aber ich will euch sagen, wie wir von der Polizei vorgehen möchten.‹

Der Kommissär machte eine Pause. Er stand wieder allein vor den Mägendorfern. Benz war verlegen in die Menge zurückgekehrt.

›Jeder verdächtige Mensch würde, ohne Rücksicht auf seine Stellung, aufs genaueste geprüft, allen nur denkbaren Spuren würde nachgegangen, und nicht nur das, die Polizei anderer Länder würde eingesetzt werden, wenn sich dies als notwendig erwiese. Ihr seht, eurem Gericht steht wenig und uns ein Riesenapparat zur Verfügung, die Wahrheit zu ermitteln. Entscheidet jetzt, was nun geschehen soll.‹

Schweigen. Die Mägendorfer waren nachdenklich geworden.

›Gebt ihr den Hausierer wirklich heraus?‹ fragte der Vorarbeiter.

›Mein Wort‹, antwortete Matthäi. ›Wenn ihr auf der Herausgabe besteht.‹

Die Mägendorfer waren unschlüssig. Die Worte des

Kommissärs hatten Eindruck gemacht. Der Staatsanwalt war nervös. Ihm kam die Sache bedenklich vor. Doch atmete er auf.

›Nehmt ihn mit‹, hatte ein Bauer geschrien.

Die Mägendorfer bildeten stumm eine Gasse. Der Staatsanwalt zündete sich erlöst eine Brissago an.

›Gewagt, wie Sie vorgegangen sind, Matthäi‹, meinte er. ›Stellen Sie sich vor, Sie hätten Ihr Wort halten müssen.‹

›Ich wußte, daß dies nicht der Fall sein würde‹, antwortete der Kommissär gelassen.

›Hoffentlich geben Sie nie ein Versprechen, das Sie einhalten müssen‹, sagte der Staatsanwalt und half seiner Brissago mit einem Streichholz zum zweitenmal nach, grüßte den Gemeindepräsidenten und machte sich zum befreiten Wagen auf.«

»Matthäi fuhr nicht mit dem Staatsanwalt zurück. Er stieg zum Hausierer. Die Polizisten machten ihm Platz. Es war heiß im Innern des großen Wagens. Man wagte es immer noch nicht, die Scheiben hinunterzulassen. Obgleich die Mägendorfer Platz gemacht hatten, standen die Bauern immer noch da. Von Gunten kauerte hinter dem Chauffeur, Matthäi setzte sich zu ihm.

›Ich bin unschuldig‹, beteuerte von Gunten leise.

›Natürlich‹, sagte Matthäi.

›Niemand glaubt mir‹, flüsterte von Gunten, ›auch die Polizisten nicht.‹

Der Kommissär schüttelte den Kopf. ›Das bilden Sie sich nur ein.‹

Der Hausierer ließ sich nicht beruhigen. ›Auch Sie glauben mir nicht, Herr Doktor.‹

Der Wagen setzte sich in Bewegung. Die Polizisten saßen schweigend. Draußen war es nun Nacht geworden. Die Straßenlampen warfen goldene Lichter über die starren Gesichter. Matthäi fühlte das Mißtrauen, das jedermann dem Hausierer gegenüber hegte, den Verdacht, der aufstieg. Er tat ihm leid.

›Ich glaube Ihnen, von Gunten‹, sagte er und spürte, daß er auch nicht ganz überzeugt war, ›ich weiß, daß Sie unschuldig sind.‹

Die ersten Häuser der Stadt rückten heran.

›Sie werden noch dem Kommandanten vorgeführt werden müssen, von Gunten‹, sagte der Kommissär, ›Sie sind unser wichtigster Zeuge.‹

›Ich verstehe‹, murmelte der Hausierer, und dann flüsterte er wieder: ›Auch Sie glauben mir nicht.‹

›Unsinn.‹

Der Hausierer blieb hartnäckig. ›Ich weiß es‹, sagte er nur leise, fast unhörbar und starrte in die roten und grünen Lichtreklamen, die nun wie gespenstische Gestirne in den gleichmäßig dahinrollenden Wagen strahlten.«

»Dies waren die Vorgänge, die mir in der Kasernenstraße rapportiert wurden, nachdem ich aus Bern mit dem Halbachtschnellzug zurückgekommen war. Es handelte sich um den dritten Kindermord dieser Art. Vor zwei Jahren war ein Mädchen im Kanton Schwyz und vor fünf eines im Sankt Gallischen mit einem Rasiermesser getötet worden, vom Täter keine Spur. Ich ließ den Hausierer vorführen. Der Mann war achtundvierzig, klein, fettig, ungesund, wohl sonst geschwätzig und frech, doch nun verängstigt. Seine Angaben vorerst klar. Er habe am Waldrand gelegen, die Schuhe ausgezogen, den Hausiererkorb ins Gras gestellt. Er habe beabsichtigt, Mägendorf zu besuchen, dort seine Waren, Bürsten, Hosenträger, Rasierklingen, Schnürsenkel usw., abzusetzen, doch unterwegs vom Briefträger erfahren, daß Wegmüller in den Ferien sei und Riesen ihn vertrete. So habe er eben gezögert und sich ins Gras geworfen; unsere jungen Polizisten würden meist von Anwandlungen der Tüchtigkeit befallen, er kenne die Herrschaften. Er habe vor sich hin gedöst. Das kleine Tal im Schatten der Wälder, von einer Straße durchzogen. In nicht allzu großer Ferne eine Bauernfamilie auf dem Felde, von einem Hunde umkreist. Die Mahlzeit im ›Bären‹ in Fehren sei opulent gewesen, Bernerplatte und Twanner; er liebe es, üppig zu speisen, habe auch durchaus die Mittel, denn so unrasiert, ungepflegt und verlumpt er im Lande herumhantiere, sein Aussehen täusche, sei er doch einer jener Hausierer, die verdienten und etwas auf der Seite hätten. Dazu sei viel Bier gekommen, und, als er schon im Gras lagerte, zwei Tafeln Lindt-Schokolade. Der heranziehende Sturm, die Windstöße hätten ihn dann vollends eingeschläfert. Doch sei es ihm wenig später gewesen, ein Schrei hätte ihn geweckt, der helle Schrei eines kleinen Mädchens, und es habe ihm geschienen, als er schlaftrunken das Tal hinaufstarrte, als ob die Bauernfamilie auf dem Felde einen Moment verwundert hingehorcht hätte; dann sei sie, von ihrem Hund umkreist, gleich wieder in ihre gebückte Stellung verfallen. Irgendein Vogel, sei es ihm durch den Kopf geschossen, ein Käuzchen vielleicht, was habe er gewußt. Doch habe ihn die Erklärung beruhigt. Er habe weitergedöst, aber dann, als ihm die plötzliche Totenstille der Natur aufgefallen sei, auf einmal den nun schon finsteren Himmel wahrgenommen. Darauf sei er in die Schuhe geschlüpft und habe sich den Korb umgehängt, unzufrieden und argwöhnisch, denn der geheimnisvolle Vogelschrei sei ihm aufs neue in den Sinn gekommen. Er habe sich deshalb entschlossen, es doch besser nicht mit Riesen zu versuchen, Mägendorf Mägendorf sein zu lassen. Ein unrentables Nest sei es ja immer gewesen. Er habe darauf in die Stadt zurückkehren wollen und den Waldweg als Abkürzung zur SBB-Station genommen, worauf er auf die Leiche des ermordeten Mädchens gestoßen sei. Dann sei er nach Mägendorf in den ›Hirschen‹ gerannt und habe Matthäi informiert; den Bauern habe er nichts gesagt, aus Angst, verdächtigt zu werden.

Dies seine Aussage. Ich ließ den Mann abführen, aber noch nicht gehen. Vielleicht nicht ganz korrekt. Der Staatsanwalt hatte die Untersuchungshaft nicht angeordnet, doch hatten wir keine Zeit, zimperlich zu sein. Seine

Erzählung kam mir zwar wahrheitsgetreu vor, mußte aber noch nachgeprüft werden, und dann war von Gunten schließlich vorbestraft. Ich war schlechter Laune. Ich hatte kein gutes Gefühl bei diesem Fall; alles war irgendwie schiefgegangen; ich wußte nur nicht wie; ich spürte es einfach. Ich zog mich in die ›Boutique‹ zurück, wie ich mich ausdrückte, in einen kleinen verrauchten Raum neben meinem amtlichen Büro. Ich ließ mir eine Flasche Châteauneuf-du-Pape von einem Restaurant in der Nähe der Sihlbrücke holen, trank einige Gläser. Es herrschte stets eine fürchterliche Unordnung in diesem Zimmer, ich will es nicht verschweigen; Bücher und Akten lagen durcheinander, aus Prinzip freilich, denn ich bin der Meinung, es sei jedermanns Pflicht, in diesem geordneten Staat gleichsam kleine Inseln der Unordnung zu errichten, wenn auch nur im geheimen. Dann ließ ich mir die Photographien geben. Sie waren scheußlich. Darauf studierte ich die Karte. Perfider hätte der Tatort nicht ausgewählt werden können. Ob der Mörder von Mägendorf, von den umliegenden Dörfern oder von der Stadt gekommen war, ob er zu Fuß oder mit der Bahn reiste, ließ sich theoretisch nicht ausmachen. Es war alles möglich.

Matthäi kam.

›Es tut mir leid‹, sagte ich zu ihm, ›daß Sie sich an Ihrem letzten Tag bei uns mit einer so traurigen Affäre abgeben müssen.‹

›Unser Beruf, Kommandant.‹

›Wenn ich so die Photographien von diesem Mord betrachte, wünsche ich ihn zum Teufel‹, antwortete ich und schob die Photographien wieder in den Umschlag.

Ich ärgerte mich und konnte meine Gefühle vielleicht nicht ganz beherrschen. Matthäi war mein bester Kommissär – Sie sehen, ich bleibe bei dieser nicht korrekten, aber sympathischeren Rangbezeichnung –, sein Ausscheiden war mir in diesem Augenblick höchst zuwider.

Er schien meine Gedanken zu erraten.

›Ich denke, Sie übergeben den Fall am besten Henzi‹, meinte er.

Ich zögerte. Ich wäre auf diesen Vorschlag auf der Stelle eingegangen, wenn es sich nicht um einen Lustmord gehandelt hätte. Bei jedem anderen Verbrechen haben wir es leichter. Wir brauchen nur die Motive zu überlegen, Geldmangel, Eifersucht, und schon läßt sich der Kreis der Verdächtigen enger ziehen. Doch bei einem Lustmord ist diese Methode sinnlos. Da kann einer auf der Geschäftsreise ein Mädchen sehen oder einen Knaben, er steigt aus seinem Wagen – keine Zeugen, keine Beobachtungen, und am Abend sitzt er wieder zu Hause, vielleicht in Lausanne, vielleicht in Basel, irgendwo, und wir stehen da, ohne Anhaltspunkte. Ich unterschätzte Henzi nicht, er war ein tüchtiger Beamter, aber nicht erfahren genug, wie mir schien.

Matthäi teilte meine Bedenken nicht.

›Er hat nun drei Jahre unter mir gearbeitet‹, sagte er, ›er kennt sein Metier durch mich, und ich kann mir keinen besseren Nachfolger vorstellen. Er wird seine Aufgabe so erledigen, wie ich es tun würde. Und außerdem werde ich morgen noch dabei sein‹, fügte er hinzu.

Ich ließ Henzi kommen und befahl ihm, mit Wachtmeister Treuler zusammen das engere Mordbüro zu bilden. Er war erfreut; es war sein erster ›selbständiger Fall‹.

›Bedanken Sie sich bei Matthäi‹, brummte ich und fragte ihn nach der Stimmung bei der Mannschaft. Wir schwammen, hatten weder Anhaltspunkte noch Resultate, und es war wichtig, daß die Mannschaft unsere Unsicherheit nicht spürte.

›Sie ist überzeugt, wir hätten den Mörder schon‹, bemerkte Henzi.

›Den Hausierer?‹

›Der Verdacht ist nicht ganz von der Hand zu weisen. Von Gunten hat schließlich schon ein Sittlichkeitsdelikt begangen.‹

›Mit einer Vierzehnjährigen‹, warf Matthäi ein. ›Das ist etwas anderes.‹

›Wir sollten den Mann ins Kreuzverhör nehmen‹, schlug Henzi vor.

›Das hat Zeit‹, entschied ich. ›Ich glaube nicht, daß der Mann etwas mit dem Mord zu tun hat. Er ist nur unsympathisch, und da kommt ein Verdacht gleich auf. Aber das ist ein subjektiver Grund, meine Herren, kein kriminalistischer, und dem wollen wir nicht so ohne weiteres nachgeben.‹

Damit verabschiedete ich die Herren, ohne daß sich meine Laune besserte.«

»Wir setzten die ganze verfügbare Mannschaft ein. Schon in der Nacht und am folgenden Tage ließen wir in den Garagen nachfragen, ob in einem Wagen Blutspuren festgestellt worden waren, später ebenfalls in den Wäschereien. Dann ließen wir das Alibi aller jener Leute nachprüfen, die einmal mit gewissen Paragraphen in Berührung gekommen waren. Bei Mägendorf drangen unsere Leute mit Hunden und sogar mit einem Minensuchgerät in den Wald, in welchem der Mord geschehen war. Sie durchforschten das Gehölz nach Spuren, hofften vor allem die Mordwaffe zu finden. Sie untersuchten systematisch jeden Quadratmeter, stiegen ins Tobel hinunter, forschten im Bach. Die gefundenen Gegenstände wurden gesammelt, der Wald bis nach Fehren hin durchkämmt.

Ich beteiligte mich ebenfalls an den Recherchen in Mägendorf, was sonst nicht meine Art war. Auch Matthäi schien unruhig. Es war ein durchaus angenehmer Frühlingstag, leicht, ohne Föhn, doch blieb unsere Stimmung düster. Henzi verhörte im ›Hirschen‹ die Bauern und die Fabrikarbeiter, und wir machten uns auf, die Schule zu besuchen. Wir kürzten den Weg ab und gingen mitten durch eine Wiese mit Obstbäumen. Einige standen schon in voller Blüte. Vom Schulhaus her tönte Gesang: ›So nimm denn meine Hände und führe mich‹. Der Turnplatz vor dem Schulhaus war leer. Ich klopfte an die Türe des Klassenzimmers, aus dem der Choral drang, und wir traten ein.

Es waren Mädchen und Buben, die sangen. Kinder von sechs bis acht Jahren. Die drei untersten Klassen. Die Lehrerin dirigierte, ließ die Hände sinken und sah uns mißtrauisch entgegen. Die Kinder hörten auf zu singen.

›Fräulein Krumm?‹

›Bitte?‹

›Die Lehrerin von Gritli Moser?‹

›Was wünschen Sie von mir?‹

Das Fräulein Krumm war gegen die vierzig, hager, mit großen verbitterten Augen.

Ich stellte mich vor und wandte mich dann den Kindern zu.

›Grüß Gott, Kinder!‹

Die Kinder sahen mich neugierig an.

›Grüß Gott!‹ sagten sie.

›Ein schönes Lied, das ihr da gesungen habt.‹

›Wir üben den Choral für Gritlis Beerdigung‹, erklärte die Lehrerin.

Im Sandkasten war Robinsons Insel aufgebaut. An den Wänden hingen Kinderzeichnungen.

›Was war es denn für ein Kind, das Gritli?‹ fragte ich zögernd.

›Wir liebten es alle‹, sagte die Lehrerin.

›Wie war seine Intelligenz?‹

›Es war ein äußerst phantasievolles Kind.‹

Ich zögerte aufs neue.

›Ich sollte einige Fragen an die Kinder richten.‹

›Bitte.‹

Ich trat vor die Klasse. Die Mädchen trugen meistens noch Zöpfe und bunte Schürzen.

›Ihr werdet gehört haben‹, sagte ich, ›was Gritli Moser zugestoßen ist. Ich bin von der Polizei, der Kommandant, das ist so etwas wie ein Hauptmann bei den Soldaten, und es ist meine Aufgabe, den Mann zu suchen, der das Gritli getötet hat. Ich will nun zu euch nicht wie zu Kindern, sondern wie zu Erwachsenen reden. Der Mann, den wir suchen, ist krank. Alle Männer sind krank, die so etwas tun. Und weil sie krank sind, versuchen sie, die Kinder in ein Versteck zu locken, um sie zu verletzen, in einen Wald oder in einen Keller, was es auch immer für verborgene Orte gibt, und das geschieht sehr oft; wir haben mehr als zweihundert Fälle im Kanton im Jahr. Und manchmal geschieht es dann eben, daß solche Männer ein Kind so schwer verletzen, daß es sterben muß, wie es dem Gritli ergangen ist. Wir müssen diese Männer deshalb einsperren. Sie sind zu gefährlich, um in Freiheit leben zu können. Ihr werdet nun fragen, weshalb wir sie nicht vorher einsperren, bevor es zu einem Unglück kommt wie dem mit dem Gritli? Weil es kein Mittel gibt, diese kranken Menschen zu erkennen. Sie sind innerlich krank, nicht äußerlich.‹

Die Kinder hörten atemlos zu.

›Ihr müßt mir helfen‹, fuhr ich fort. ›Wir müssen den Mann finden, der das Gritli Moser getötet hat, sonst wird er wieder ein Mädchen töten.‹

Ich stand nun mitten unter den Kindern.

›Erzählte Gritli, ein fremder Mann habe es angesprochen?‹

Die Kinder schwiegen.

›Ist euch in letzter Zeit etwas an Gritli besonders aufgefallen?‹

Die Kinder wußten nichts.

›Hat das Gritli in letzter Zeit etwas besessen, das es vorher nicht besaß?‹

Die Kinder antworteten nicht.

›Wer war Gritlis beste Freundin?‹

›Ich‹, flüsterte ein Mädchen.

Es war ein winziges Ding mit braunen Haaren und braunen Augen.

›Wie heißest du denn?‹ fragte ich.

›Ursula Fehlmann.‹

›Du bist also Gritlis Freundin gewesen, Ursula.‹

›Wir saßen zusammen.‹

Das Mädchen sprach so leise, daß ich mich zu ihm niederbeugen mußte.

›Und dir ist auch nichts aufgefallen?‹

›Nein.‹

›Gritli hat niemanden getroffen?‹

›Schon jemand‹, antwortete das Mädchen.

›Wen denn?‹

›Keinen Menschen‹, sagte das Mädchen.

Ich wunderte mich über diese Antwort.

›Was willst du damit sagen, Ursula?‹

›Es hat einen Riesen getroffen‹, sagte das Mädchen leise.

›Einen Riesen?‹

›Ja‹, sagte das Mädchen.

›Du willst sagen, es sei einem großen Mann begegnet?‹

›Nein, mein Vater ist ein großer Mann, aber kein Riese.‹

›Wie groß war er denn?‹ fragte ich.

›Wie ein Berg‹, antwortete das Mädchen, ›und ganz schwarz.‹

›Und hat dieser – Riese – dem Gritli etwas geschenkt?‹ fragte ich.

›Ja‹, sagte das Mädchen.

›Was denn?‹

›Kleine Igel.‹

›Igel? Was willst du jetzt wieder damit sagen, Ursula?‹ fragte ich ratlos.

›Der ganze Riese war voll kleiner Igel‹, behauptete das Mädchen.

›Das ist doch Unsinn, Ursula‹, widersprach ich, ›ein Riese hat doch keine Igel!‹

›Es war eben ein Igelriese.‹

Das Mädchen blieb dabei. Ich ging zum Pult der Lehrerin zurück.

›Sie haben recht‹, sagte ich, ›das Gritli scheint wirklich viel Phantasie gehabt zu haben, Fräulein Krumm.‹

›Es war ein poetisches Kind‹, antwortete die Lehrerin und schaute mit ihren traurigen Augen irgendwohin. ›Ich sollte jetzt den Choral weiterüben. Für die Beerdigung morgen. Die Kinder singen ungenügend.‹

Sie gab den Ton an.

›So nimm denn meine Hände und führe mich‹, sangen die Kinder aufs neue.«

»Auch die Befragung der Mägendorfer im ›Hirschen‹ – wo wir Henzi ablösten – ergab nichts Neues, und gegen Abend fuhren wir ebenso ergebnislos, wie wir gekommen waren, nach Zürich zurück. Schweigend. Ich hatte zuviel geraucht und Roten aus der Gegend getrunken. Sie kennen ja diese leicht dubiosen Weine. Auch Matthäi saß düster neben mir im Hintergrund des Wagens, und erst als wir gegen den Römerhof hinunterkamen, begann er zu sprechen.

›Ich glaube nicht‹, sagte er, ›daß der Mörder ein Mägendorfer ist. Es muß sich um den gleichen Täter wie im Kanton Sankt Gallen und im Kanton Schwyz handeln; der Mord hat sich auf die gleiche Weise abgespielt. Ich halte es für wahrscheinlich, daß der Mann von Zürich aus operiert.‹

›Möglich‹, antwortete ich.

›Es wird sich um einen Automobilisten handeln, vielleicht um einen Reisenden. Der Bauer Gerber hat ja einen Wagen gesehen, der im Walde parkte.‹

›Den Gerber habe ich mir heute persönlich vorgenommen‹, erklärte ich. ›Er gestand, er habe eigentlich zu fest geschlafen, um etwas bemerken zu können.‹

Wir schwiegen aufs neue.

›Es tut mir leid, daß ich Sie mitten in einem unaufgeklärten Fall verlassen muß‹, begann er dann mit etwas unsicherer Stimme, ›aber den Vertrag mit der jordanischen Regierung muß ich einhalten.‹

›Sie fliegen morgen?‹ fragte ich.

›Um drei Uhr nachmittags‹, antwortete er, ›über Athen.‹

›Ich beneide Sie, Matthäi‹, sagte ich, und es war mir ernst. ›Ich wäre auch lieber Polizeichef bei den Arabern als hier in Zürich.‹

Dann setzte ich ihn beim Hotel Urban ab, wo er seit Jahr und Tag wohnte, und ging in die ›Kronenhalle‹, in der ich unter dem Bilde von Miró aß. Mein Platz. Ich sitze immer dort und esse ab ›Voiture‹.«

»Als ich jedoch gegen zehn noch einmal in die Kasernenstraße ging und dabei an Matthäis ehemaligem Büro vorbeikam, traf ich Henzi im Korridor. Er hatte Mägendorf schon mittags verlassen, und ich hatte mich eigentlich darüber gewundert, doch da ich ihm den Mordfall nun einmal übertragen hatte, war es mein Prinzip, ihm nicht am Zeuge zu flicken. Henzi war ein Berner, ehrgeizig, aber beliebt bei der Mannschaft. Er hatte eine Hottinger geheiratet, war von der sozialistischen Partei zu den Liberalen übergetreten und auf dem besten Wege, Karriere zu machen. Dies will ich nur am Rande erwähnen; jetzt ist er bei den Unabhängigen.

›Der Kerl will immer noch nicht gestehen‹, sagte er.

›Wer?‹ fragte ich verwundert und blieb stehen. ›Wer will nicht gestehen?‹

›Von Gunten.‹

Ich stutzte. ›Dauerverhör?‹

›Schon den ganzen Nachmittag‹, sagte Henzi, ›und diese Nacht machen wir durch, wenn es sein muß. Nun behandelt ihn Treuler. Ich bin nur herausgekommen, um Luft zu schnappen.‹

›Das will ich mir doch ansehen‹, antwortete ich neugierig und betrat Matthäis ehemaliges Büro.«

»Der Hausierer hatte auf einem Bürosessel ohne Lehne Platz genommen, Treuler seinen Stuhl an Matthäis alten Schreibtisch gerückt, der ihm als Stütze für seinen linken Arm diente, dazu die Beine übereinandergeschlagen und den Kopf in die linke Hand gelegt. Er rauchte eine Zigarette. Feller nahm das Protokoll auf. Henzi und ich blieben in der Türe stehen und wurden von dem Hausierer nicht bemerkt, da er uns den Rücken zukehrte.

›Ich habe es nicht getan, Herr Polizeiwachtmeister‹, murmelte der Hausierer.

›Das habe ich auch nicht behauptet. Ich sagte nur, du könntest es getan haben‹, erwiderte Treuler. ›Ob ich recht habe oder nicht, wird sich ja dann feststellen lassen. Beginnen wir von vorn. Du hattest dich also am Waldrande bequem hingelagert?‹

›Jawohl, Herr Polizeiwachtmeister.‹

›Und geschlafen?‹

›Richtig, Herr Polizeiwachtmeister.‹

›Warum? Du wolltest doch nach Mägendorf.‹

›Ich war müde, Herr Polizeiwachtmeister.‹

›Weshalb hast du denn den Briefträger nach dem Polizisten in Mägendorf ausgefragt?‹

›Um mich zu erkundigen, Herr Polizeiwachtmeister.‹

›Was wolltest du wissen?‹

›Mein Patent war nicht erneuert. Da wollte ich wissen, wie es um die polizeilichen Verhältnisse in Mägendorf stünde.‹

›Und wie stand es um die polizeilichen Verhältnisse?‹

›Ich erfuhr, in Mägendorf sei ein Stellvertreter. Da fürchtete ich mich, Herr Polizeiwachtmeister.‹

›Ich bin auch ein Stellvertreter‹, erklärte der Polizist trocken. ›Vor mir fürchtest du dich auch?‹

›Jawohl, Herr Polizeiwachtmeister.‹

›Aus diesem Grunde wolltest du auch nicht mehr ins Dorf?‹

›Jawohl, Herr Polizeiwachtmeister.‹

›Das ist gar keine so üble Version der Geschichte‹, sagte Treuler anerkennend, ›aber vielleicht gibt es noch eine andere Version, die nur den Vorzug hätte, wahr zu sein.‹

›Ich habe die Wahrheit gesagt, Herr Polizeiwachtmeister.‹

›Wolltest du nicht vielmehr vom Briefträger erfahren, ob ein Polizist in der Nähe sei oder nicht?‹

Der Hausierer schaute Treuler mißtrauisch an. ›Was wollen Sie damit sagen, Herr Polizeiwachtmeister?‹

›Nun‹, antwortete Treuler gemächlich, ›du wolltest dich vor allem beim Briefträger über die Abwesenheit der Polizei im Rotkehlertälchen vergewissern, weil du auf das Mädchen gewartet hast, denke ich.‹

Der Hausierer starrte Treuler entsetzt an. ›Ich habe doch das Mädchen nicht gekannt, Herr Polizeiwachtmeister‹, schrie er verzweifelt, ›und selbst wenn ich es gekannt hätte, könnte ich es nicht getan haben. Ich befand mich ja nicht allein im Tälchen. Die Bauernfamilie war ja auf dem Felde. Ich bin kein Mörder. Glauben Sie mir doch!‹

›Ich glaube dir ja‹, begütigte ihn Treuler, ›aber ich muß deine Geschichte überprüfen, das mußt du doch einsehen. Du hast erzählt, du seiest nach deiner Ruhepause in den Wald gegangen, um dann nach Zürich zurückzukehren?‹

›Es kam ein Unwetter‹, erklärte der Hausierer, ›da wollte ich die Abkürzung nehmen, Herr Polizeiwachtmeister.‹

›Dabei bist du auf die Leiche gestoßen?‹

›Ja.‹

›Ohne die Leiche zu berühren?‹

›Richtig, Herr Polizeiwachtmeister.‹

Treuler schwieg. Obgleich ich das Gesicht des Hausierers nicht sah, fühlte ich seine Angst. Er tat mir leid. Doch war ich von seiner Schuld mehr und mehr überzeugt, wenn auch vielleicht nur, weil ich endlich den Schuldigen zu finden hoffte.

›Wir haben dir deine Kleider weggenommen, von Gunten, und dir andere gegeben. Kannst du dir denken, weshalb?‹ fragte Treuler.

›Weiß nicht, Herr Polizeiwachtmeister.‹

›Um eine Benzidin-Probe vorzunehmen. Weißt du, was das ist, eine Benzidin-Probe?‹

›Nein, Herr Polizeiwachtmeister‹, antwortete der Hausierer hilflos.

›Eine chemische Probe, um Blutspuren festzustellen‹, erklärte Treuler in gespenstischer Gemütlichkeit. ›Wir haben an deinem Kittel Blut festgestellt, von Gunten. Es stammt von dem Mädchen.‹

›Weil ... weil ich über die Leiche stolperte, Herr Polizeiwachtmeister‹, stöhnte von Gunten. ›Es war schrecklich.‹

Er bedeckte sein Gesicht mit den Händen.

›Und das hast du uns natürlich nur aus Angst verschwiegen?‹

›Jawohl, Herr Polizeiwachtmeister.‹

›Und nun sollen wir dir aufs neue glauben?‹

›Ich bin nicht der Mörder, Herr Polizeiwachtmeister‹, flehte der Hausierer verzweifelt, ›glauben Sie mir doch. Holen Sie Herrn Doktor Matthäi, der weiß, daß ich die Wahrheit sage. Ich bitte Sie.‹

›Doktor Matthäi hat nichts mehr mit diesem Fall zu tun‹, antwortete Treuler. ›Er fliegt morgen nach Jordanien.‹

›Nach Jordanien‹, flüsterte von Gunten. ›Das wußte ich nicht.‹

Er starrte auf den Fußboden und schwieg. Es war totenstill im Zimmer, man hörte nur das Ticken der Uhr und manchmal, von der Straße her, ein Auto.

Nun griff Henzi ein. Zuerst schloß er das Fenster, dann setzte er sich hinter Matthäis Schreibtisch, freundlich und zuvorkommend, nur stellte er die Schreibtischlampe so, daß ihr Licht auf den Hausierer fiel.

›Regen Sie sich nicht auf, Herr von Gunten‹, sagte der Leutnant überaus höflich, ›wir wollen Sie in keiner Weise quälen, wir sind nur bemüht, die Wahrheit zu erfahren. Deshalb müssen wir uns an Sie wenden. Sie sind der wichtigste Zeuge. Sie müssen uns helfen.‹

›Jawohl, Herr Doktor‹, antwortete der Hausierer und schien wieder etwas Mut zu fassen.

Henzi stopfte sich eine Pfeife. ›Was rauchen Sie, von Gunten?‹

›Zigaretten, Herr Doktor.‹

›Geben Sie ihm eine, Treuler.‹

Der Hausierer schüttelte den Kopf. Er starrte auf den Boden. Das Licht blendete ihn.

›Stört Sie die Lampe?‹ fragte Henzi freundlich.

›Sie scheint mir direkt in die Augen.‹

Henzi stellte den Schirm der Schreibtischlampe anders ein. ›Ist es so besser?‹

›Besser‹, antwortete von Gunten leise. Seine Stimme klang dankbar.

›Sagen Sie mal, von Gunten, was verkaufen Sie eigentlich so für Gegenstände? Putztücher?‹ begann Henzi.

›Ja, Putztücher auch.‹ Der Hausierer sagte es zögernd. Er wußte nicht, was diese Frage wollte.

›Und weiter?‹

›Schnürsenkel, Herr Doktor. Zahnbürsten. Zahnpasta. Seife. Rasiercreme.‹

›Rasierklingen?‹

›Auch, Herr Doktor.‹

›Welche Marke?‹

›Gillette.‹

›Ist dies alles, von Gunten?‹

›Ich glaube, Herr Doktor.‹

›Schön. Doch ich glaube, Sie haben einiges vergessen‹, sagte Henzi und hantierte an seiner Pfeife herum. ›Sie will nicht ziehen‹, meinte er, und dann fuhr er wie beiläufig fort: ›Zählen Sie den Rest Ihrer Sächelchen ruhig auf, von Gunten. Wir haben Ihren Korb genau untersucht.‹

Der Hausierer schwieg.

›Nun?‹

›Küchenmesser, Herr Doktor‹, sagte der Hausierer leise und traurig. Schweißperlen glänzten auf seinem Nacken. Henzi blies eine Rauchwolke um die andere, ruhig, gemächlich, ein freundlicher junger Herr, voller Wohlwollen.

›Weiter, von Gunten, was noch, außer Küchenmessern?‹

›Rasiermesser.‹

›Warum zögerten Sie, das zuzugeben?‹

Der Hausierer schwieg. Henzi streckte scheinbar gedankenlos die Hand aus, als wollte er sich wieder mit der Lampe beschäftigen. Er nahm jedoch die Hand wieder fort, als von Gunten zusammenzuckte. Der Wachtmeister starrte den Hausierer unverwandt an. Er rauchte eine Zigarette um die andere. Dazu kam Henzis Pfeifenrauch. Die Luft im Zimmer war zum Ersticken. Ich hätte am liebsten die Fenster geöffnet. Aber die geschlossenen Fenster gehörten zur Methode.

›Das Mädchen wurde mit einem Rasiermesser getötet‹, stellte Henzi nun diskret und wie zufällig fest. Schweigen. Der Hausierer saß zusammengesunken, leblos auf seinem Sessel.

›Lieber von Gunten‹, fuhr Henzi fort, indem er sich zurücklehnte, ›reden wir unter Männern. Wir brauchen uns nichts vorzumachen. Ich weiß, daß Sie den Mord begangen haben. Aber ich weiß auch, daß Sie ebenso erschrocken über die Tat sind wie ich, wie wir alle. Es ist einfach über Sie gekommen, Sie wurden auf einmal wie ein Tier, Sie überfielen und töteten das Mädchen, ohne daß Sie wollten und ohne daß Sie anders konnten. Etwas war stärker als Sie. Und als Sie wieder zu sich kamen, von Gunten, waren Sie maßlos erschrocken. Sie liefen nach Mägendorf, weil Sie sich stellen wollten, doch jetzt haben Sie den Mut verloren. Den Mut zum Geständnis. Sie müssen diesen Mut nun wieder finden, von Gunten. Und wir wollen Ihnen dabei helfen.‹

Henzi schwieg. Der Hausierer schwankte auf seinem Bürosessel ein wenig. Es schien, als bräche er gleich zusammen.

›Ich bin Ihr Freund, von Gunten‹, behauptete Henzi, ›nützen Sie diese Chance.‹

›Ich bin müde‹, stöhnte der Hausierer.

›Das sind wir alle‹, antwortete Henzi. ›Wachtmeister Treuler, verschaffen Sie uns Kaffee und später Bier. Auch für unseren Gast von Gunten, wir sind fair bei der Kantonspolizei.‹

›Ich bin unschuldig, Kommissär‹, flüsterte der Hausierer heiser, ›ich bin unschuldig.‹

Das Telephon klingelte; Henzi meldete sich, hörte aufmerksam hin, hängte auf, lächelte.

›Sagen Sie mal, von Gunten, was haben Sie eigentlich gestern zu Mittag gegessen?‹ fragte er gemächlich.

›Bernerplatte.‹

›Schön, und was noch?‹

›Käse zum Dessert.‹

›Emmentaler, Greyerzer?‹

›Tilsiter und Gorgonzola‹, antwortete von Gunten und wischte sich den Schweiß aus den Augen.

›Man ißt gut bei Hausierern‹, antwortete Henzi. ›Und weiter haben Sie nichts gegessen?‹

›Nichts.‹

›Ich würde scharf nachdenken‹, ermahnte ihn Henzi.

›Schokolade‹, kam es von Gunten in den Sinn.

›Sehen Sie, doch noch etwas‹, nickte ihm Henzi aufmunternd zu. ›Wo haben Sie die gegessen?‹

›Am Waldrand‹, sagte der Hausierer und blickte Henzi mißtrauisch und müde an.

Der Leutnant löschte die Schreibtischlampe aus. Nur noch die Deckenlampe leuchtete schwach durch den raucherfüllten Raum.

›Ich habe soeben den Bericht vom Gerichtsmedizinischen Institut bekommen, von Gunten‹, erklärte er bedauernd. ›Das Mädchen wurde seziert. In seinem Magen hat man Schokolade nachgewiesen.‹

Nun war auch ich von der Schuld des Hausierers überzeugt. Sein Geständnis war nur noch eine Frage der Zeit. Ich nickte Henzi zu und verließ den Raum.«

»Ich hatte mich nicht geirrt. Am andern Morgen, an einem Samstag, rief mich Henzi um sieben Uhr an. Der Hausierer habe gestanden. Um acht war ich im Büro. Henzi befand sich immer noch in Matthäis ehemaligem Arbeitszimmer. Er schaute zum offenen Fenster hinaus und wandte sich mir müde zu, grüßte. Am Boden Bierflaschen, die Aschenbecher überfüllt. Sonst war niemand mehr im Raum.

›Ein ausführliches Geständnis?‹ fragte ich.

›Das wird er noch ablegen‹, antwortete Henzi.

›Hauptsache, er hat den Lustmord gestanden.‹

›Ich will nur hoffen, daß korrekt vorgegangen wurde‹, brummte ich. Das Verhör hatte über zwanzig Stunden gedauert. Das war natürlich nicht erlaubt; aber wir von der Polizei können uns schließlich nicht immer nach den Vorschriften richten.

›Es wurden sonst keine unerlaubten Methoden angewandt, Kommandant‹, erklärte Henzi.

Ich ging in die ›Boutique‹ und ließ den Hausierer vorführen. Er konnte sich kaum mehr auf den Beinen halten und wurde vom Polizisten, der ihn brachte, gestützt; er setzte sich aber nicht, als ich ihn dazu aufforderte.

›Von Gunten‹, sagte ich unwillkürlich mit einem freundlichen Ton in der Stimme, ›wie ich höre, haben Sie gestanden, die kleine Gritli Moser ermordet zu haben.‹

›Ich habe das Mädchen getötet‹, antwortete der Hausierer so leise, daß ich ihn kaum verstehen konnte, und starrte auf den Boden. ›Lassen Sie mich nun in Ruhe.‹

›Gehen Sie jetzt schlafen, von Gunten‹, sagte ich, ›wir wollen später weiterreden.‹

Man führte ihn hinaus. In der Türe begegnete er Matthäi. Der Hausierer blieb stehen. Er atmete schwer. Sein Mund öffnete sich, als wollte er etwas sagen, doch dann schwieg er. Er blickte nur Matthäi an, der etwas verlegen Platz machte.

›Geh‹, sagte der Polizist und führte von Gunten weg.

Matthäi betrat die ›Boutique‹, schloß die Türe hinter sich. Ich steckte mir eine Bahianos in Brand.

›Nun, Matthäi, was sagen Sie dazu?‹

›Der arme Kerl wurde über zwanzig Stunden lang verhört?‹

›Diese Methode hat Henzi von Ihnen übernommen, Sie waren in Ihren Verhören auch so hartnäckig‹, entgegnete ich. ›Aber seinen ersten selbständigen Fall führte er eigentlich ganz tüchtig, finden Sie nicht?‹

Matthäi gab mir keine Antwort.

Ich ließ zwei Kaffe-Creme kommen und Gipfel.

Wir hatten beide ein schlechtes Gewissen. Der heiße Kaffee besserte unsere Stimmung nicht.

›Ich habe das Gefühl‹, erklärte Matthäi endlich, ›daß von Gunten sein Geständnis widerrufen wird.‹

›Möglich‹, erwiderte ich düster, ›dann werden wir ihn eben aufs neue bearbeiten.‹

›Sie halten ihn für schuldig?‹ fragte er.

›Sie nicht?‹ fragte ich zurück.

Matthäi zögerte: ›Doch, eigentlich auch‹, antwortete er ohne Überzeugung.

Durch das Fenster flutete der Morgen. Stumpfes Silber. Vom Sihlquai her drangen die Geräusche der Straße, und aus der Kaserne marschierten Soldaten.

Dann erschien Henzi. Er trat ein, ohne anzuklopfen.

›Von Gunten hat sich erhängt‹, meldete er.«

»Die Zelle befand sich am Ende des großen Korridors. Wir rannten hin. Zwei Mann beschäftigten sich schon mit dem Hausierer. Er lag auf dem Boden. Man hatte ihm das Hemd aufgerissen; die behaarte Brust lag unbeweglich. Im Fenster baumelte noch der Hosenträger.

›Es nützt nichts mehr‹, meinte einer der Polizisten. ›Der Mann ist tot.‹

Ich steckte meine erloschene Bahianos wieder in Brand, und Henzi nahm eine Zigarette.

›Damit wäre der Fall Gritli Moser erledigt‹, stellte ich fest und kehrte müde durch den endlosen Korridor in mein Büro zurück. ›Und Ihnen, Matthäi, wünsche ich einen angenehmen Flug nach Jordanien.‹«

»Doch als gegen zwei Uhr nachmittags Feller mit dem Dienstwagen ins ›Urban‹ kam, zum letztenmal, um Matthäi nach dem Flughafen zu bringen, und als die Koffer schon aufgeladen waren, meinte der Kommissär, sie hätten Zeit, er solle den Umweg über Mägendorf nehmen. Feller gehorchte, fuhr durch die Wälder. Sie erreichten den Dorfplatz, als das Totengeleit schon heranzog, ein langer Zug schweigender Menschen. Eine große Menge aus den umliegenden Dörfern und auch aus der Stadt war herbeigeströmt, der Beerdigung beizuwohnen. Die Zeitungen hatten den Tod von Guntens schon berichtet; allgemein war man erleichtert, die Gerechtigkeit hatte gesiegt. Matthäi hatte den Wagen verlassen und stand mit Feller zwischen Kindern der Kirche gegenüber. Der Sarg war auf einem Fuhrwerk aufgebahrt, das zwei Pferde zogen, und war von weißen Rosen umgeben. Hinter dem Sarg folgten die Kinder des Dorfes, immer zu zweit mit einem Kranze, geführt von der Lehrerin, dem Lehrer, dem Pfarrer, die Mädchen in weißen Kleidern. Dann die Eltern des Gritli Moser, zwei schwarze Gestalten. Die Frau blieb stehen und sah den Kommissär an. Ihr Gesicht war ausdruckslos, ihre Augen waren leer.

›Sie haben Ihr Versprechen gehalten‹, sagte sie leise, aber so exakt, daß der Kommissär es hörte. ›Ich danke Ihnen.‹ Dann schritt sie weiter. Ungebeugt, stolz neben einem gebrochenen, auf einmal alten Manne.

Der Kommissär ließ noch den ganzen Zug an sich vorbeiziehen, den Gemeindepräsidenten, Vertreter der Regierung, Bauern, Arbeiter, Hausfrauen, Töchter, alle in ihren besten, feierlichsten Kleidern. Alles war stumm in der nachmittäglichen Sonne, auch bei den Zuschauern regte sich nichts, nur das weite Hallen der Kirchenglocken, das Rollen des Fuhrwerks und die unzähligen Schritte der Menschen auf dem harten Pflaster der Dorfstraße waren hörbar.

›Nach Kloten‹, sagte Matthäi, und sie stiegen wieder in den Dienstwagen.«

»Nachdem er sich von Feller verabschiedet und die Paßkontrolle durchschritten hatte, kaufte er in der Wartehalle die ›Neue Zürcher Zeitung‹. Das Bild von Guntens war darin, der als Mörder des Gritli Moser bezeichnet war, aber auch das Bild des Kommissärs mit einer Notiz über seine ehrenvolle Berufung. Ein Mann, der den Höhepunkt seiner Karriere erreicht hatte. Doch als er auf die Flugpiste trat, den Regenmantel über dem Arm, bemerkte er, daß die Terrasse des Gebäudes voller Kinder war. Es waren Schulklassen, die den Flughafen besuchten. Es waren Mädchen und Buben in farbigen Sommerkleidern; es gab ein Winken mit kleinen Fahnen und Taschentüchern, ein Jubeln und Staunen über das Aufsteigen und Sinken der silbernen Riesenapparate. Der Kommissär stutzte, schritt dann weiter der wartenden Swissair-Maschine zu. Als er sie erreichte, waren die andern Passagiere schon eingestiegen. Die Stewardeß, die die Reisenden zur Maschine geführt hatte, hielt die Hand hin, um Matthäis Karte in Empfang zu nehmen, doch der Kommissär wandte sich aufs neue um. Er schaute auf die Kinderschar, die glücklich und neidisch zu der startbereiten Maschine hinüberwinkte.

›Fräulein‹, sagte er, ›ich fliege nicht‹, und kehrte ins Flughafengebäude zurück, schritt unter der Terrasse mit der unermeßlichen Schar der Kinder hindurch dem Ausgang zu.«

»Ich empfing Matthäi erst am Sonntagmorgen, doch nicht in der ›Boutique‹, sondern im offiziellen Büro mit dem gleichsam amtlichen Blick auf den Sihlquai. An den Wänden Gubler, Morgenthaler, Hunziker, anerkannte Zürcher Maler. Ich war verärgert, es hatte Scherereien gegeben; ein Anruf des politischen Departements war gekommen von einem Herrn, der partout nur französisch sprechen wollte; die jordanische Botschaft hatte protestiert und der Regierungsrat Auskünfte verlangt, die ich nicht geben konnte, weil ich das Vorgehen meines einstigen Untergebenen nicht begriff.

›Nehmen Sie Platz, Herr Matthäi‹, sagte ich. Meine Förmlichkeit stimmte ihn wohl etwas traurig. Wir setzten uns. Ich rauchte nicht und traf keine Anstalten dazu. Das beunruhigte ihn. ›Die Eidgenossenschaft‹, fuhr ich fort, ›schloß über die Abtretung eines Polizeifachmanns an den jordanischen Staat ein Abkommen, des weiteren schlossen Sie, Herr Doktor Matthäi, einen Vertrag mit Jordanien. Durch Ihre Nichtabreise wurden diese Verträge gebrochen. Ich brauche wohl von Jurist zu Jurist nicht deutlicher zu werden.‹

›Das ist nicht nötig‹, sagte Matthäi.

›Ich bitte Sie deshalb, so schnell wie möglich doch noch nach Jordanien zu reisen‹, schlug ich vor.

›Ich reise nicht‹, entgegnete Matthäi.

›Weshalb?‹

›Der Mörder der kleinen Gritli Moser ist noch nicht gefunden.‹

›Sie halten den Hausierer für unschuldig?‹

›Ja.‹

›Es liegt schließlich ein Geständnis vor.‹

›Er muß die Nerven verloren haben. Das lange Verhör, die Verzweiflung, das Gefühl der Verlassenheit. Und ich bin nicht schuldlos daran‹, fuhr er leise fort. ›Der Hausierer hat sich an mich gewandt, und ich habe ihm nicht geholfen. Ich wollte nach Jordanien.‹

Die Situation war merkwürdig. Noch am Vortage hatten wir ungezwungen miteinander verkehrt, nun saßen wir uns förmlich und steif gegenüber, beide im Sonntagsanzug.

›Ich bitte Sie, mir den Fall noch einmal zu übergeben, Kommandant‹, sagte Matthäi.

›Darauf kann ich nicht eingehen‹, antwortete ich, ›unter keinen Umständen; Sie sind nicht mehr bei uns, Herr Doktor Matthäi.‹

Der Kommissär starrte mich überrascht an.

›Ich bin entlassen?‹

›Sie schieden aus dem Dienst der Kantonspolizei, weil Sie den Posten in Jordanien antreten wollten‹, erklärte ich ruhig. ›Daß Sie Ihren Vertrag gebrochen haben, ist Ihre Sache. Aber wenn wir Sie nun wieder einstellen, würde das bedeuten, daß wir Ihren Schritt billigen. Sie werden verstehen, daß dies unmöglich ist.‹

›Ach so‹, antwortete Matthäi. ›Ich verstehe.‹

›Das läßt sich leider nicht mehr ändern‹, entschied ich.

Wir schwiegen.

›Als ich durch Mägendorf kam, auf meinem Wege zum Flugplatz, waren dort Kinder‹, sagte Matthäi leise.

›Was wollen Sie damit sagen?‹

›Im Leichenzug lauter Kinder.‹

›Das ist doch nur natürlich.‹

›Und auch beim Flugplatz waren Kinder, ganze Schulklassen.‹

›Nun?‹ Ich betrachtete Matthäi verwundert.

›Angenommen, ich habe recht, angenommen, der Mörder des Gritli Moser lebt noch, wären dann nicht andere Kinder in Gefahr?‹ fragte Matthäi.

›Gewiß‹, entgegnete ich ruhig.

›Wenn diese Möglichkeit der Gefahr besteht‹, fuhr Matthäi eindringlich fort, ›ist es Pflicht der Polizei, die Kinder zu schützen und ein neues Verbrechen zu verhüten.‹

›Deshalb sind Sie also nicht abgeflogen‹, fragte ich langsam, ›um die Kinder zu schützen.‹

›Deshalb‹, antwortete Matthäi.

Ich schwieg eine Weile. Ich sah nun den Fall klarer und begann Matthäi zu begreifen. Die Möglichkeit, daß Kinder in Gefahr seien, sagte ich dann, müsse man hinnehmen. Falls Matthäi mit seiner Vermutung recht habe, könne man nur hoffen, daß sich der wirkliche Mörder irgend einmal verrate oder daß er, im schlimmsten Fall, bei seinem nächsten Verbrechen für uns brauchbarere Spuren hinterlassen werde. Es klinge zynisch, was ich sage, aber das sei es nicht. Es sei nur schrecklich. Die Macht der Polizei habe Grenzen und müsse Grenzen haben. Zwar sei alles möglich, auch das Unwahrscheinlichste, doch wir müßten von dem ausgehen, was wahrscheinlich sei. Wir könnten nicht sagen, von Gunten sei sicher schuldig, das könnten wir eigentlich nie; aber wir könnten sagen, er sei wahrscheinlich schuldig. Wenn wir keinen Unbekannten erfinden wollten, sei der Hausierer der einzige, der in Frage komme.

Er habe schon Sittlichkeitsdelikte begangen, führe Rasiermesser mit sich und Schokolade, habe Blut an den Kleidern gehabt, ferner sei er auch in Schwyz und Sankt Gallen seinem Gewerbe nachgegangen, also dort, wo die zwei andern Morde geschehen waren, dazu habe er noch ein Geständnis abgelegt und Selbstmord verübt: Nun an seiner Schuld zu zweifeln, sei reiner Dilettantismus. Der gesunde Menschenverstand sage uns, von Gunten sei der Mörder gewesen. Daß der gesunde Menschenverstand sich irren könne, daß wir menschlich seien, sei unser Risiko. Das müßten wir auf uns nehmen. Auch stelle der Mord an Gritli Moser leider nicht das einzige Verbrechen dar, mit dem wir uns zu beschäftigen hätten. Eben sei das Überfallkommando nach Schlieren ausgerückt. Dazu vier schwere Einbrüche diese Nacht. Wir könnten uns den Luxus einer nochmaligen Untersuchung schon rein technisch gar nicht mehr leisten. Wir könnten nur das Mögliche tun, und das hätten wir getan. Kinder seien immer in Gefahr. Man zähle über zweihundert Sittlichkeitsverbrechen im Jahr. Allein im Kanton. Wir könnten die Eltern aufklären, die Kinder warnen, das hätten wir alles getan, aber wir könnten nicht das Polizeinetz so dicht knüpfen, daß keine Verbrechen mehr geschähen. Verbrechen geschähen immer, nicht weil es zu wenig Polizisten, sondern weil es überhaupt Polizisten gebe. Wenn *wir* nicht nötig wären, gäbe es auch keine Verbrechen. Das müßten wir uns vor Augen halten. Wir müßten unsere Pflicht tun, da habe Matthäi recht, aber unsere erste Pflicht sei es, in unseren Grenzen zu bleiben, sonst würden wir nur einen Polizeistaat errichten.

Ich schwieg.

Draußen begannen die Kirchenglocken zu läuten.

›Ich kann verstehen, wenn Ihre persönliche – Situation –

schwierig geworden ist. Sie sind zwischen Stuhl und Bank geraten‹, bemerkte ich abschließend höflich.

›Ich danke Ihnen, Herr Doktor‹, sagte Matthäi. ›Ich werde mich vorerst um den Fall Gritli Moser kümmern. Privat.‹

›Geben Sie diese Angelegenheit lieber auf‹, riet ich.

›Ich denke nicht daran‹, antwortete er.

Ich zeigte meinen Unwillen nicht.

›Darf ich Sie dann nur bitten, uns damit nicht mehr zu belästigen?‹ fragte ich, indem ich mich erhob.

›Wenn Sie es wünschen‹, sagte Matthäi. Worauf wir uns voneinander verabschiedeten, ohne uns die Hand zu reichen.«

»Es fiel Matthäi schwer, an seinem ehemaligen Büro vorbei das leere Polizeigebäude verlassen zu müssen. Man hatte das Schild an der Türe schon geändert, und Feller, den er traf und der sich auch sonntags hier herumtrieb, war verlegen. Er grüßte kaum, murmelte nur etwas vor sich hin. Matthäi kam sich wie ein Gespenst vor, doch war ihm vor allem der Umstand lästig, daß er nun keinen Dienstwagen zur Verfügung hatte. Er war entschlossen, so schnell wie möglich nach Mägendorf zurückzukehren; aber diesen Vorsatz konnte er nun nicht so ohne weiteres ausführen, war doch die Reise dorthin zwar nicht weit, jedoch kompliziert. Er mußte den Achter nehmen und dann in den Bus umsteigen; im Tram war auch Treuler, der mit seiner Frau zu den Schwiegereltern fuhr; er starrte den Kommissär verblüfft an, stellte aber keine Fragen; überhaupt begegnete Matthäi lauter Bekannten, so einem Professor von der ETH und einem Kunstmaler. Er gab nur vage Auskunft über seine Nichtabreise; die Situation war jedesmal peinlich, hatte man doch seine ›Beförderung‹ und Abreise gefeiert; er kam sich gespenstisch vor, wie ein Wiederauferstandener.

In Mägendorf hatte die Kirche ausgeläutet. Die Bauern standen in ihren Sonntagsgewändern auf dem Dorfplatz oder begaben sich gruppenweise in den ›Hirschen‹. Es war frischer geworden als in den Vortagen, gewaltige Wolkenzüge wanderten von Westen her. Beim Moosbach spielten die Burschen schon Fußball; nichts deutete darauf, daß unweit vom Dorfe vor wenigen Tagen ein Verbrechen begangen worden war. Alles war fröhlich, irgendwo sang man ›Am Brunnen vor dem Tore‹. Vor einem großen Bauernhause mit Riegelmauern und einem mächtigen Dach spielten Kinder Verstecken; ein Knabe zählte mit lauter Stimme bis zehn, und die andern stoben davon. Matthäi sah ihnen zu.

›Mann‹, sagte eine leise Stimme neben ihm. Er schaute sich um.

Zwischen einer Scheiterbeige und einer Gartenmauer stand ein kleines Mädchen in blauem Rock. Braune Augen, braune Haare. Ursula Fehlmann.

›Was willst du?‹ fragte der Kommissär.

›Stell dich vor mich‹, flüsterte das Mädchen, ›damit man mich nicht findet.‹

Der Kommissär stellte sich vor das Mädchen.

›Ursula‹, sagte er.

›Du mußt nicht so laut reden‹, flüsterte das Mädchen, ›sonst hört man, daß du mit jemandem sprichst.‹

›Ursula‹, flüsterte nun auch der Kommissär. ›Das mit dem Riesen glaube ich nicht.‹

›Was glaubst du nicht?‹

›Daß dem Gritli Moser ein Riese begegnet ist, groß wie ein Berg.‹

›Den gibt es aber.‹

›Hast du denn einen gesehen?‹

›Nein, aber Gritli hat ihn gesehen. Aber sei jetzt still.‹

Ein rothaariger Junge mit Sommersprossen schlich vom Hause heran. Es war der Junge, der suchen mußte. Er blieb vor dem Kommissär stehen, schlich dann nach der andern Seite des Bauernhauses. Das Mädchen kicherte leise.

›Er hat mich nicht bemerkt.‹

›Gritli hat dir ein Märchen erzählt‹, flüsterte der Kommissär.

›Nein‹, sagte das Mädchen, ›jede Woche hat der Riese aufs Gritli gewartet und ihm Igel gegeben.‹

›Wo denn?‹

›Im Rotkehlertälchen‹, antwortete Ursula. ›Und es hat ihn gezeichnet. Also muß es ihn doch geben. Und auch die Igelein.‹

Matthäi stutzte.

›Es hat den Riesen gezeichnet?‹

›Die Zeichnung hängt im Schulzimmer‹, sagte das Mädchen. ›Geh auf die Seite.‹ Und schon hatte es sich zwischen der Scheiterbeige und Matthäi durchgezwängt, sprang auf das Bauernhaus zu und erreichte den Türpfosten, den es anzuschlagen galt, vor dem hinter dem Hause hervoreilenden Knaben mit Jubelgeschrei.«

»Die Nachrichten, die ich am Montagmorgen erhielt, waren seltsam und beunruhigend. Zuerst beschwerte sich der Gemeindepräsident von Mägendorf telephonisch, Matthäi sei ins Schulhaus eingedrungen und habe eine Zeichnung des ermordeten Gritli Moser entwendet; er verbitte sich weitere Schnüffeleien der Kantonspolizei in seinem Dorfe, sie hätten nun Ruhe nötig nach all den Schrecken; abschließend und nicht sonderlich höflich teilte er mir noch mit, daß er Matthäi mit einem Hofhund aus dem Dorfe jagen werde, wenn er sich dort noch einmal sichtbar mache. Dann beklagte sich Henzi, er habe mit Matthäi eine Auseinandersetzung gehabt, peinlicherweise in der ›Kronenhalle‹; sein ehemaliger Vorgesetzter sei sichtlich betrunken gewesen, habe einen Liter Reserve du Patron nur so hinuntergestürzt und darauf Kognak verlangt, ihn dazu einen Justizmörder genannt; seine Frau, die Hottinger, sei sehr angewidert gewesen. Das war aber noch nicht alles. Von Feller vernahm ich nach dem Morgenrapport, ausgerechnet ein Subjekt von der Stadtpolizei habe ihm berichtet, Matthäi sei in verschiedenen Bars gesichtet worden und logiere nun im Hotel Rex. Außerdem wurde mitgeteilt, daß Matthäi nun auch rauche. Parisiennes. Der Mann war wie verändert, wie ausgewechselt, als hätte er über Nacht einen anderen Charakter bekommen. Ich dachte an einen bevorstehenden Nervenzusammenbruch und rief einen Psychiater an, der öfters für uns Gutachten verfertigte.

Zu meiner Überraschung antwortete der Arzt, Matthäi habe sich bei ihm für den Nachmittag angemeldet, worauf ich ihn über das Vorgefallene informierte.

Darauf schrieb ich der jordanischen Gesandtschaft. Ich meldete Matthäi krank und bat um Urlaub, in zwei Monaten werde der Kommissär in Amman erscheinen.«

»Die Privatklinik lag weit von der Stadt, beim Dorfe Röthen. Matthäi hatte die Bahn genommen und mußte eine größere Strecke gehen. Er war zu ungeduldig gewesen, auf das Postauto zu warten, das ihn denn auch bald überholte und dem er leicht verärgert nachsah. Er kam durch kleine Bauernweiler. Am Straßenrand waren spielende Kinder, und die Bauern arbeiteten auf den Feldern. Der Himmel war verhängt, silbrig. Es war wieder kalt geworden, die Temperatur rutschte dem Nullpunkt zu, glücklicherweise ohne ihn zu erreichen. Matthäi wanderte die Hügel entlang und bog nach Röthen in den Weg über die Ebene ein zur Heilanstalt. Als erstes fiel ihm ein gelbes Gebäude mit einem hohen Schornstein auf. Man schien einer düsteren Fabrikanlage entgegenzugehen. Aber bald wurde das Bild freundlicher. Zwar war das Hauptgebäude immer noch von Buchen und Pappeln verdeckt. Doch bemerkte er Zedern und eine riesenhafte Wellingtonia. Er trat in den Park. Der Weg verzweigte sich. Matthäi folgte einer Tafel: ›Direktion‹. Durch die Bäume und Büsche schimmerte ein kleiner See, doch war es vielleicht auch nur ein Nebelstreifen. Totenstille. Matthäi hörte nur seine Schritte auf dem Kies knirschen. Später war das Geräusch eines Rechens zu vernehmen. Ein Bursche war mit dem Kiesweg beschäftigt. Er führte seine Bewegungen langsam und gleichmäßig aus. Matthäi blieb unschlüssig stehen. Er wußte nicht, wohin er sich wenden mußte; eine neue Tafel sah er nicht mehr.

›Können Sie mir sagen, wo sich die Direktion befindet?‹ wandte er sich an den jungen Mann. Der Bursche erwiderte kein Wort. Er harkte weiter, gleichmäßig, ruhig, wie eine Maschine, als hätte ihn niemand angesprochen, als wäre niemand zugegen. Sein Antlitz war ohne Ausdruck, und da seine Tätigkeit im Gegensatz zu seinen offenbar gewaltigen Körperkräften stand, wurde der Kommissär von dem Gefühl beschlichen, es drohe ihm Gefahr. Als könnte der Bursche auf einmal mit seinem Rechen losschlagen. Er fühlte sich unsicher. Er ging zögernd weiter und betrat einen Hof. Gleich darauf kam er in einen zweiten, größeren. Zu beiden Seiten waren Säulengänge wie in einem Kloster; doch wurde der Hof durch ein Gebäude abgeschlossen, das ein Landhaus zu sein schien. Auch hier war niemand zu finden, nur von irgendwoher drang eine klagende Stimme, hoch und flehend, die immer ein Wort wiederholte, immer wieder, ohne Unterlaß. Matthäi blieb aufs neue unschlüssig stehen. Eine unerklärliche Traurigkeit befiel ihn. Er war mutlos wie noch nie. Er drückte die Klinke eines alten Portals voll tiefer Risse und Schnitzereien nieder; aber die Türe gab nicht nach. Nur die Stimme war zu hören, immer wieder die Stimme. Er schritt wie schlafend durch den Säulengang. In den großen Steinvasen waren rote Tulpen, in anderen gelbe. Doch nun hörte er Schritte; ein hochgewachsener alter Herr kam würdig über den Hof. Befremdet, leicht verwundert. Eine Schwester führte ihn.

›Grüß Gott‹, sagte der Kommissär, ›ich möchte zu Professor Locher.‹

›Sind Sie angemeldet?‹ fragte die Schwester.

›Ich werde erwartet.‹

›Gehen Sie nur in den Salon‹, sagte die Schwester und

wies auf eine Flügeltüre, ›man wird kommen.‹ Dann schritt sie weiter, den alten Mann am Arm, der vor sich hin dämmerte, schloß eine Türe auf und verschwand mit ihm. Die Stimme irgendwo war immer noch zu hören. Matthäi betrat den Salon. Es war ein großer Raum mit antiken Möbeln, mit Fauteuils und einem riesigen Sofa, über dem in einem schweren goldenen Rahmen das Porträt eines Mannes hing. Es mußte sich um den Stifter des Spitals handeln. Des weiteren hingen Bilder aus tropischen Gegenden an den Wänden, vielleicht aus Brasilien. Matthäi glaubte das Hinterland von Rio de Janeiro zu erkennen. Er ging zur Flügeltüre. Sie führte auf eine Terrasse. Große Kakteen standen auf dem Steingeländer. Doch war der Park nicht mehr zu überblicken, der Nebel hatte sich verdichtet. Matthäi ahnte ein weites geschwungenes Gelände mit irgendeinem Monument oder Grabmal, und, drohend, schattenhaft, eine Silberpappel. Der Kommissär wurde ungeduldig. Er zündete sich eine Zigarette an; seine neue Passion beruhigte ihn. Er ging ins Zimmer zurück, zum Sofa, vor dem ein alter runder Tisch stand mit alten Büchern; Gustav Bonnier, Flore complète de France, Suisse et Belgique. Er blätterte darin; sorgfältig gezeichnete Tafeln von Blumen, Gräsern, sicher sehr schön, beruhigend; der Kommissär wußte nichts damit anzufangen. Er rauchte eine weitere Zigarette. Endlich kam eine Schwester, eine kleine energische Person mit randloser Brille.

›Herr Matthäi?‹ fragte sie.

›Gewiß.‹

Die Schwester schaute sich um. ›Haben Sie kein Gepäck?‹

Matthäi schüttelte den Kopf, wunderte sich einen Augenblick über die Frage.

›Ich möchte dem Herrn Professor nur einige Fragen stellen‹, antwortete er.

›Darf ich bitten‹, sagte die Schwester und führte den Kommissär durch eine kleine Türe.«

»Er betrat einen kleinen, zu seinem Erstaunen eher armseligen Raum. Nichts wies auf einen Mediziner hin. An den Wänden ähnliche Bilder wie im Salon, dazu Photographien ernster Männer mit randloser Brille und Bart, monströsen Visagen. Offenbar Vorgänger. Schreibtisch und Stühle waren mit Büchern überladen, nur ein alter Ledersessel blieb frei. Der Arzt saß im weißen Mantel hinter seinen Akten. Er war klein, hager, vogelartig und trug ebenfalls eine randlose Brille wie die Schwester und die Bärtigen an der Wand. Randlose Brille schien hier obligatorisch, vielleicht auch ein Abzeichen oder Kennzeichen eines geheimen Ordens wie die Tonsur der Mönche, was wußte der Kommissär.

Die Schwester zog sich zurück. Locher erhob sich, begrüßte Matthäi.

›Willkommen‹, sagte er etwas verlegen, ›machen Sie sich's bequem. Etwas schäbig alles. Wir sind eine Stiftung, da hapert's mit den Finanzen.‹

Matthäi setzte sich in den Ledersessel. Der Arzt zündete die Schreibtischlampe an, so dunkel war es im Zimmer.

›Darf ich rauchen?‹ fragte Matthäi.

Locher stutzte. ›Bitte‹, sagte er und betrachtete Matthäi aufmerksam über seine staubige Brille hinweg. ›Aber Sie rauchten doch früher nicht?‹

›Nie.‹

Der Arzt nahm einen Bogen und begann zu kritzeln, irgendeine Notiz offenbar. Matthäi wartete.

›Sie sind am elften November 1903 geboren, nicht wahr?‹ fragte der Arzt, indem er schrieb.

›Gewiß.‹

›Immer noch im Hotel Urban?‹

›Nun im ‚Rex'.‹

›So, nun im Rex. In der Weinbergstraße. Sie leben also stets noch in Hotelzimmern, mein guter Matthäi?‹

›Das scheint Sie zu verwundern?‹

Der Arzt schaute von seinen Papieren auf.

›Mann‹, sagte er, ›Sie hausen nun schon dreißig Jahre in Zürich. Da gründen andere Familien, zeugen Nachwuchs, halten die Zukunft in Schwung. Führen Sie denn überhaupt kein Privatleben? Entschuldigen Sie, daß ich so frage.‹

›Verstehe‹, antwortete Matthäi, der auf einmal alles begriff, auch die Frage der Schwester nach den Koffern. ›Der Kommandant wird berichtet haben.‹

Der Arzt legte seinen Füllfederhalter sorgfältig auf die Seite. ›Was meinen Sie damit, Verehrtester?‹

›Sie haben den Auftrag erhalten, mich zu untersuchen‹, stellte Matthäi fest und drückte seine Zigarette aus. ›Weil ich der Kantonspolizei nicht ganz – normal – scheine.‹

Die beiden Männer schwiegen. Draußen stand der Nebel vor dem Fenster, stumpf, eine gesichtslose Dämmerung, die grau in das kleine Zimmer voller Bücher und Aktenstöße kroch. Dazu Kälte, muffige Luft, vermischt mit dem Geruch irgendeines Medikamentes.

Matthäi erhob sich, ging zur Türe und öffnete sie. Draußen standen zwei Männer in weißem Kittel, die Arme verschränkt. Matthäi schloß die Türe wieder.

›Zwei Wärter. Für den Fall, daß ich Schwierigkeiten mache.‹

Locher war nicht aus der Ruhe zu bringen.

›Hören Sie mal zu, Matthäi‹, sagte er. ›Ich will nun als Arzt zu Ihnen reden.‹

›Wie Sie wünschen‹, antwortete Matthäi und setzte sich.

Ihm sei berichtet worden, fuhr Locher fort und nahm den Füllfederhalter wieder in die Hand, Matthäi habe in der letzten Zeit Handlungen begangen, die man nicht mehr als normal bezeichnen könne. Ein offenes Wort sei deshalb am Platz. Matthäi habe einen harten Beruf, und er werde auch hart mit den Menschen verfahren müssen, die in seine Sphäre gerieten, so müsse er denn auch ihm, dem Arzt, gerechterweise verzeihen, wenn er geradeheraus rede, denn auch sein Beruf habe ihn hart gemacht. Und mißtrauisch. Es sei schließlich merkwürdig, überlege er Matthäis Verhalten, eine einmalige Chance wie dieses Jordanien fallen zu lassen, ganz unerwartet, auf Knall und Fall. Dazu die fixe Idee, einen Mörder suchen zu wollen, den man schon gefunden habe; des weiteren dieser plötzliche Entschluß, zu rauchen, dieser ebenso ungewöhnliche Hang zur Trunksucht, allein vier Doppelkognaks nach einem Liter Réserve, Mensch, Mann, das sehe doch verdammt nach sprunghafter Charakterveränderung aus, nach Symptomen einer beginnenden Erkrankung. Es liege nur in Matthäis Interesse, sich gründlich untersuchen zu lassen, damit man ein ordentliches Bild gewänne, sowohl in klinischer als auch in psychologischer Hinsicht, und er schlage deshalb vor, einige Tage in Röthen zu verweilen.

Der Arzt schwieg und machte sich wieder hinter seine Papiere, kritzelte aufs neue. ›Haben Sie hin und wieder Fieber?‹

›Nein.‹

›Sprechstörungen?‹

›Auch nicht.‹

›Stimmen?‹

›Unsinn.‹

›Schweißausbrüche?‹

Matthäi schüttelte den Kopf. Die Dämmerung und das Gerede des Arztes machten ihn ungeduldig. Er suchte tastend nach den Zigaretten. Er fand sie endlich; das brennende Streichholz, welches ihm der Arzt reichte, hielt er zitternd. Vor Ärger. Die Situation war zu einfältig, er hätte sie voraussehen müssen und einen anderen Psychiater wählen sollen. Aber er liebte diesen Arzt, den sie bisweilen in der Kasernenstraße mehr aus Gutmütigkeit als Sachverständigen beizogen; er hatte Zutrauen zu ihm, weil die andern Ärzte ihn gering schätzten, weil er als Sonderling galt und als Phantast.

›Erregt‹, stellte der Arzt fest. Beinahe freudig. ›Soll ich die Schwester rufen? Wenn Sie schon jetzt in Ihr Zimmer ...‹

›Fällt mir nicht ein‹, antwortete Matthäi. ›Haben Sie Kognak?‹

›Ich gebe Ihnen ein Beruhigungsmittel‹, schlug der Arzt vor und erhob sich.

›Ich brauche kein Beruhigungsmittel, ich brauche Kognak‹, entgegnete der Kommissär grob.

Der Arzt mußte eine versteckte Signalanlage bedient haben, denn in der Türe erschien ein Wärter.

›Holen Sie eine Pulle Kognak und zwei Gläser aus meiner Wohnung‹, ordnete der Arzt an, rieb sich die Hände, wohl vor Kälte. ›Aber dalli.‹

Der Wärter verschwand.

›Wirklich, Matthäi‹, erklärte der Arzt, ›Ihre Einweisung scheint mir dringend nötig. Sonst stehen wir vor dem prachtvollsten seelischen und körperlichen Zusammenbruch. Den wollen wir doch vermeiden, nicht wahr? Mit einigem Schneid sollte uns das gelingen.‹

Matthäi antwortete nichts darauf. Auch der Arzt schwieg. Nur einmal klingelte das Telephon, Locher nahm es ab und sagte: ›Bin nicht zu sprechen.‹ Draußen vor dem Fenster war es nun beinahe finster, so dunkel war dieser Abend auf einmal.

›Soll ich die Deckenbeleuchtung anzünden?‹ fragte der Arzt, nur um etwas zu sagen.

›Nein.‹

Matthäi hatte nun seine Ruhe wieder gewonnen. Als der Wärter mit dem Kognak kam, goß er sich ein, trank aus, schenkte sich wieder ein.

›Locher‹, sagte er, ›lassen Sie nun Ihre Faxen mit Mann und Mensch und dalli und so weiter. Sie sind Arzt. Ist es Ihnen in Ihrem Beruf auch schon vorgekommen, daß Sie einen Fall nicht zu lösen vermochten?‹

Der Arzt schaute Matthäi erstaunt an. Er war betroffen über diese Frage, beunruhigt, wußte nicht, was sie sollte.

›Die meisten meiner Fälle sind nicht zu lösen‹, antwortete er endlich ehrlich, obwohl er im gleichen Augenblick spürte, daß er diese Antwort einem Patienten gegenüber, als den er Matthäi doch sah, nie hätte geben dürfen.

›Das kann ich mir bei Ihrem Beruf denken‹, antwortete Matthäi mit einer Ironie, die den Arzt traurig stimmte.

›Sind Sie nur hierher gekommen, um mir diese Frage zu stellen?‹

›Auch.‹

›Was ist denn um Gottes willen mit Ihnen los? Sie sind doch sonst unser vernünftigster Mann?‹ fragte der Arzt verlegen.

›Ich weiß nicht‹, erwiderte Matthäi unsicher – ›das ermordete Mädchen.‹

›Gritli Moser?‹

›Ich muß immer an dieses Mädchen denken.‹

›Es läßt Ihnen keine Ruhe?‹

›Haben Sie Kinder?‹ fragte Matthäi.

›Ich bin ja auch nicht verheiratet‹, antwortete der Arzt leise und aufs neue verlegen.

›So, auch nicht.‹ Matthäi schwieg düster. ›Sehen Sie, Locher‹, erklärte er dann, ›ich habe genau hingeschaut und nicht weggeblickt, wie mein Nachfolger Henzi, der Normale: Ein verstümmelter Leichnam lag im Laub, nur das Gesicht unberührt, ein Kindergesicht. Ich habe hingestarrt, im Gebüsch lagen noch ein roter Rock und Gebäck. Aber das war nicht das Fürchterliche.‹

Matthäi schwieg aufs neue. Wie erschrocken. Er war ein Mensch, der nie auf sich zu sprechen kam und nun doch gezwungen war, es einmal zu tun, weil er diesen kleinen vogelartigen Arzt mit der lächerlichen Brille brauchte, der ihm allein weiterhelfen konnte, dem er aber dafür sein Vertrauen schenken mußte.

›Sie haben sich vorhin mit Recht gewundert‹, fuhr er endlich fort, ›daß ich immer noch im Hotel wohne. Ich wollte mich nicht mit der Welt konfrontieren, ich wollte sie wie ein Routinier zwar bewältigen, aber nicht mit ihr leiden. Ich wollte ihr gegenüber überlegen bleiben, den Kopf nicht verlieren und sie beherrschen wie ein Techniker. Ich hielt den Anblick des Mädchens aus, doch als ich vor den Eltern stand, hielt ich es plötzlich nicht mehr aus, da wollte ich auf einmal fort von diesem verfluchten Hause im Moosbach, und so versprach ich bei meiner Seligkeit, den Mörder zu finden, nur um das Leid dieser Eltern nicht weiter sehen zu müssen, gleichgültig darüber, daß ich dieses Versprechen nicht halten konnte, weil ich doch nach Jordanien fliegen mußte. Und dann ließ ich die alte Gleichgültigkeit wieder in mir aufsteigen, Locher. Das war so scheußlich. Ich wehrte mich nicht für den Hausierer. Ich ließ alles geschehen. Ich wurde wieder die Unpersönlichkeit, die ich vorher war, ‚Matthäi am Letzten', wie mich das Niederdorf nennt. Ich kniff wieder aus in die Ruhe, in die Überlegenheit, in die Form, in die Unmenschlichkeit, bis ich auf dem Flugplatz die Kinder sah.‹

Der Arzt schob seine Notizen weg.

›Ich kehrte um‹, sagte Matthäi. ›Den Rest wissen Sie.‹

›Und nun?‹ fragte der Arzt.

›Und nun bin ich hier. Weil ich nicht an die Schuld des Hausierers glaube und nun mein Versprechen halten muß.‹

Der Arzt erhob sich, ging zum Fenster.

Der Wärter erschien, hinter ihm der zweite.

›Geht in die Abteilung‹, sagte der Arzt, ›ich brauche euch nicht mehr.‹

Matthäi schenkte sich Kognak ein, lachte.

›Gut, dieser Remy Martin.‹

Der Arzt stand noch immer beim Fenster, starrte hinaus.

›Wie soll ich Ihnen beistehen?‹ fragte er hilflos. ›Ich bin kein Kriminalist.‹ Dann wandte er sich Matthäi zu. ›Warum glauben Sie eigentlich an die Unschuld des Hausierers?‹ fragte er.

›Hier.‹

Matthäi legte ein Papier auf den Tisch und faltete es sorgfältig auseinander. Es war eine Kinderzeichnung. Rechts unten stand in ungelenker Schrift ›Gritli Moser‹, und mit Farbstift war ein Mann gezeichnet. Er war groß, größer als die Tannen, die ihn wie merkwürdige Gräser umstanden, gezeichnet, wie Kinder zeichnen, Punkt, Punkt, Komma, Strich, rundherum, fertig ist das Angesicht. Er trug einen schwarzen Hut und schwarze Kleider, und aus der rechten Hand, die eine runde Scheibe war mit fünf Strichen, fielen einige kleine Scheibchen mit vielen Härchen, wie Sterne, auf ein winziges Mädchen hinunter, noch kleiner als die Tannen. Ganz oben, eigentlich schon im Himmel, stand ein schwarzes Automobil, daneben ein merkwürdiges Tier mit seltsamen Hörnern.

›Diese Zeichnung stammt von Gritli Moser‹, erklärte Matthäi. ›Ich holte sie aus dem Schulzimmer.‹

›Was soll sie denn darstellen?‹ fragte der Arzt, indem er die Zeichnung hilflos betrachtete.

›Den Igelriesen.‹

›Was ist darunter zu verstehen?‹

›Gritli erzählte, ein Riese habe ihm im Walde kleine Igel geschenkt. Die Zeichnung stellt diese Begegnung dar‹, erläuterte Matthäi und wies auf die kleinen Scheibchen.

›Und nun glauben Sie ...‹

›Der Verdacht ist nicht ganz unberechtigt, daß Gritli Moser mit dem Igelriesen seinen Mörder gezeichnet hat.‹

›Unsinn, Matthäi‹, entgegnete der Arzt unwillig, ›diese Zeichnung ist ein bloßes Phantasieprodukt, machen Sie sich da gar keine Hoffnung.‹

›Wahrscheinlich‹, antwortete Matthäi, ›dagegen ist das Automobil aber wieder zu gut beobachtet. Ich möchte sogar sagen, daß es sich um einen alten Amerikaner handelt, und auch der Riese ist lebendig gezeichnet.‹

›Riesen gibt es doch nicht‹, meinte der Arzt ungeduldig. ›Erzählen Sie mir keine Märchen.‹

›Ein großer, massiger Mann könnte einem kleinen Mädchen leicht wie ein Riese vorkommen.‹

Der Arzt schaute Matthäi verwundert an.

›Sie halten einen groß gewachsenen Mann für den Mörder?‹

›Das ist natürlich nur eine vage Vermutung‹, wich der Kommissär aus. ›Trifft sie zu, fährt der Mörder in einem schwarzen amerikanischen älteren Wagen herum.‹

Locher schob die Brille auf die Stirne. Er nahm die Zeichnung in die Hand, betrachtete sie aufmerksam.

›Was soll ich denn?‹ fragte er unsicher.

›Gesetzt, ich besäße vom Mörder nichts als diese Zeichnung‹, erklärte Matthäi, ›wäre sie die einzige Spur, die ich verfolgen könnte. Doch in diesem Fall wäre ich wie ein Laie vor einem Röntgenbild. Ich verstünde die Zeichnung nicht zu deuten.‹

Der Arzt schüttelte den Kopf.

›Aus dieser Kinderzeichnung wäre nichts über den Mörder herauszulesen‹, antwortete er und legte die Zeichnung wieder auf den Schreibtisch. ›Es ist nur möglich, etwas über das Mädchen zu sagen, das die Zeichnung verfertigte. Gritli muß ein intelligentes, aufgewecktes und fröhliches Kind gewesen sein. Kinder zeichnen ja nicht nur, was sie sehen, sondern auch was sie dabei fühlen. Phantasie und Realität vermischen sich. So ist auf dieser Zeichnung einiges real, der große Mann, das Auto, das Mädchen; anderes wirkt wie verschlüsselt, die Igel, das Tier mit den großen Hörnern. Lauter Rätsel. Und die Lösung dazu, na ja, die hat das Gritli mit ins Grab genommen. Ich bin Mediziner, kein Totenbeschwörer. Packen Sie Ihre Zeichnung wieder ein. Es ist Unsinn, sich weiter mit ihr zu beschäftigen.‹

›Sie wagen es nur nicht.‹

›Ich hasse bloße Zeitverschwendung.‹

›Was Sie Zeitverschwendung nennen, ist vielleicht nur eine alte Methode‹, erklärte Matthäi.

›Sie sind Wissenschaftler und wissen, was eine Arbeitshypothese ist. Betrachten Sie meine Annahme, auf dieser Zeichnung den Mörder gefunden zu haben, als eine solche. Machen Sie meine Fiktion mit und untersuchen wir, was dabei herauskommt.‹

Locher schaute den Kommissär einen Augenblick lang nachdenklich an, betrachtete dann die Zeichnung aufs neue.

›Wie sah denn der Hausierer eigentlich aus?‹ fragte er.

›Unscheinbar.‹

›Intelligent?‹

›Nicht dumm, aber faul.‹

›Ist er nicht einmal wegen eines Sittlichkeitsverbrechens verurteilt worden?‹

›Er hatte etwas mit einer Vierzehnjährigen.‹

›Beziehungen zu anderen weiblichen Personen?‹

›Nun, als Hausierer. Er wilderte so ziemlich im Lande herum‹, antwortete Matthäi.

Locher war nun interessiert. Etwas stimmte nicht.

›Schade, daß dieser Don Juan gestanden und sich erhängt hat‹, brummte er, ›er käme mir sonst gar nicht als Lustmörder vor. Doch gehen wir nun einmal auf Ihre Hypothese ein. Der Igelriese auf der Zeichnung ist dem Aussehen nach als Lustmörder durchaus denkbar. Er sieht groß und massig aus. Meistens sind die Menschen, die sich in dieser Weise an Kindern vergehen, primitiv, mehr oder weniger schwachsinnig, Imbecile und Debile, wie wir Ärzte uns ausdrücken, robust, zur Gewalttat neigend, und gegenüber den Frauen Minderwertigkeitskomplexe oder Impotenz.‹

Er hielt inne, schien etwas entdeckt zu haben.

›Merkwürdig‹, sagte er.

›Was ist denn?‹

›Das Datum unter der Zeichnung.‹

›Nun?‹

›Mehr als eine Woche vor dem Mord. Gritli Moser müßte seinem Mörder vor der Tat begegnet sein, wenn Ihre Hypothese stimmen sollte, Matthäi. Eigenartig wäre, daß es seine Begegnung in Form eines Märchens erzählt hätte.‹

›Kinderart.‹

Locher schüttelte den Kopf. ›Auch Kinder tun nie etwas ohne Grund‹, sagte er. ›Wahrscheinlich hätte dann der große schwarze Mann dem Gritli verboten, von der geheimnisvollen Zusammenkunft zu erzählen. Und das arme kleine Ding hätte ihm gehorcht und ein Märchen statt der Wahrheit erzählt, sonst hätte vielleicht jemand Verdacht gefaßt und es hätte gerettet werden können. Ich gebe zu, die Geschichte wird in diesem Fall teuflisch. Wurde das Mädchen vergewaltigt?‹ fragte er dann unvermittelt.

›Nein‹, antwortete Matthäi.

›Das gleiche ist den Mädchen geschehen, die vor Jahren im Sankt Gallischen und im Kanton Schwyz getötet wurden?‹

›Genau.‹

›Auch mit einem Rasiermesser?‹

›Auch.‹

Der Arzt goß sich nun ebenfalls Kognak ein.

›Es handelt sich nicht um einen Lustmord‹, meinte er, ›sondern um einen Racheakt, der Täter wollte sich durch diese Morde an den Frauen rächen, gleichgültig ob es nun der Hausierer oder der Igelriese des armen Gritli gewesen ist.‹

›Ein Mädchen ist doch keine Frau.‹

Locher ließ sich nicht beirren. ›Aber kann bei krankhaften Menschen eine Frau ersetzen‹, erklärte er. ›Weil der Mörder sich nicht an Frauen wagt, wagt er sich an kleine Mädchen. Er tötet sie anstelle der Frau. Darum wird er sich auch immer an die gleiche Art von Mädchen heranmachen. Prüfen Sie es nach, die Opfer werden sich alle gleichen. Vergessen Sie nicht, daß es sich um einen primitiven Menschen handelt, sei nun der Schwachsinn angeboren oder erst durch Krankheit erworben, solche Menschen haben keine Kontrolle über ihre Triebe. Die Widerstandsfähigkeit, die sie ihren Impulsen entgegenzusetzen haben, ist abnorm gering, es braucht verdammt wenig, etwas geänderter Stoffwechsel, einige degenerierte Zellen, und der Mensch ist ein Tier.‹

›Und der Grund seiner Rache?‹

Der Arzt überlegte. ›Vielleicht sexuelle Konflikte‹, erklärte er dann, ›vielleicht war der Mann von einer Frau unterdrückt oder ausgebeutet. Vielleicht war seine Frau reich und er arm. Vielleicht nahm sie eine höhere soziale Stellung ein als er.‹

›Das trifft alles nicht auf den Hausierer zu‹, stellte Matthäi fest.

Der Arzt zuckte die Schultern.

›Dann wird eben etwas anderes auf ihn zutreffen. Das Absurdeste ist möglich zwischen Mann und Frau.‹

›Besteht die Gefahr neuer Morde weiter?‹ fragte Matthäi. ›Falls der Mörder nicht der Hausierer ist.‹

›Wann ist der Mord im Kanton Sankt Gallen geschehen?‹

›Vor fünf Jahren.‹

›Der im Kanton Schwyz?‹

›Vor zwei.‹

›Die Abstände werden von Fall zu Fall geringer‹, stellte der Arzt fest. ›Das könnte auf die Zunahme einer Krankheit deuten. Der Widerstand gegenüber den Affekten muß offenbar immer schwächer werden, und der Kranke würde wahrscheinlich schon in einigen Monaten, ja Wochen einen neuen Mord begehen, falls er eine Gelegenheit dazu fände.‹

›Sein Verhalten in dieser Zwischenzeit?‹

›Zuerst würde der Kranke sich wie erleichtert fühlen‹, meinte der Arzt etwas zögernd, ›doch bald müßte sich neuer Haß ansammeln, ein neues Bedürfnis nach Rache melden. Er würde sich vorerst in der Nähe von Kindern aufhalten. Vor Schulen etwa, oder auf öffentlichen Plätzen. Dann würde er allmählich wieder mit seinem Wagen herumfahren und ein neues Opfer suchen, und wenn er das Mädchen gefunden hätte, würde er sich wieder anfreunden, bis es dann eben aufs neue geschähe.‹

Locher schwieg.

Matthäi nahm die Zeichnung, faltete sie zusammen und schob sie in seine Brusttasche, starrte nach dem Fenster, in welchem nun die Nacht stand.

›Wünschen Sie mir Glück, den Igelriesen zu finden, Locher‹, sagte er.

Der Arzt schaute ihn betroffen an, begriff auf einmal. ›Der Igelriese ist wohl für Sie mehr als eine bloße Arbeitshypothese, nicht wahr, Matthäi?‹ sagte er.

Matthäi gab es zu. ›Er ist für mich wirklich. Ich zweifle keinen Augenblick, daß er der Mörder ist.‹

Alles, was er ihm gesagt habe, sei nur eine Spekulation, ein bloßes Gedankenspiel ohne wissenschaftlichen Wert, erklärte der Arzt, darüber verärgert, daß er getäuscht worden war und die Absicht Matthäis nicht durchschaut hatte. Er habe nur auf eine bloße Möglichkeit unter tausend anderen Möglichkeiten hingewiesen. Mit der gleichen Methode könnte man beweisen, daß jeder Beliebige der Mörder sein könnte, warum nicht, jeder Unsinn sei schließlich denkbar und irgendwie logisch zu begründen, das wisse Matthäi ganz genau, er, Locher, habe dessen Fiktion nur aus Gutmütigkeit mitgemacht, doch nun solle Matthäi auch Manns genug sein, die Realität ohne Hypothesen zu sehen, und den Mut haben, sich in die Faktoren, die eindeutig die Schuld des Hausierers bewiesen, zu schicken. Die Kinderzeichnung sei ein bloßes Phantasieprodukt oder entspreche einer Begegnung des Mädchens mit einem Menschen, der gar nicht der Mörder sei, gar nicht der Mörder sein könne.

›Überlassen Sie es ruhig mir‹, antwortete Matthäi, indem er seinen Kognak austrank, ›welcher Grad von Wahrscheinlichkeit Ihren Ausführungen beizumessen ist.‹

Der Arzt antwortete nicht gleich. Er saß nun wieder hinter seinem alten Schreibtisch, umgeben von seinen Büchern und Protokollen, der Direktor einer Klinik, die schon längst veraltet war, der es an Geld fehlte, am Nötigsten, und in deren Dienst er sich hoffnungslos aufrieb. ›Matthäi‹, schloß er endlich die Unterredung und seine Stimme klang müde und bitter, ›Sie versuchen etwas Unmögliches. Ich will jetzt nicht pathetisch werden. Man hat seinen Willen, seinen Ehrgeiz, seinen Stolz, man gibt nicht gern auf. Das begreife ich auch, ich bin selber so. Doch wenn Sie nun einen Mörder suchen wollen, den es aller Wahrscheinlichkeit nach gar nicht gibt und den Sie, wenn es ihn auch gäbe, nie finden werden, weil zu viele seiner Art sind, die nur aus Zufall nicht morden, wird es bedenklich. Daß Sie den Wahnsinn als Methode wählen, mag mutig sein, das will ich gerne anerkennen, extreme

Haltungen imponieren ja heute, aber wenn diese Methode nicht zum Ziele führt, fürchte ich, daß Ihnen dann einmal nur noch der Wahnsinn bleibt.‹

›Leben Sie wohl, Doktor Locher‹, sagte Matthäi.«

»Das Gespräch wurde mir von Locher rapportiert. Wie üblich war seine winzige, wie gestochene deutsche Schrift kaum zu lesen. Ich ließ Henzi kommen. Er mußte das Dokument ebenfalls studieren. Er meinte, der Arzt spreche ja selbst von haltlosen Hypothesen. Ich war nicht so sicher, der Arzt schien mir Angst vor der eigenen Courage zu haben. Ich zweifelte nun doch. Wir besaßen schließlich vom Hausierer kein ausführliches Geständnis, das wir hätten nachprüfen können, sondern nur ein allgemeines. Dazu war die Mordwaffe noch nicht gefunden worden, keines der im Korbe befindlichen Rasiermesser wies Blutspuren auf. Das gab mir aufs neue zu denken. Damit war zwar von Gunten nachträglich nicht entlastet, die Verdachtsmomente waren immer noch schwer, doch ich war beunruhigt. Auch leuchtete mir Matthäis Vorgehen mehr ein, als ich zugab. Ich ging zum Ärger des Staatsanwalts so weit, daß ich den Wald bei Mägendorf nochmals durchsuchen ließ, doch standen wir darauf wieder ohne Resultat da. Die Mordwaffe blieb unauffindbar. Offenbar lag sie doch im Tobel, wie Henzi glaubte.

›Nun‹, sagte er und nahm eine seiner gräßlichen parfümierten Zigaretten aus der Schachtel, ›mehr können wir wirklich nicht für den Fall tun. Entweder ist Matthäi verrückt oder wir. Wir müssen uns jetzt entscheiden.‹

Ich deutete auf die Photographien, die ich hatte kommen lassen. Die drei ermordeten Mädchen glichen sich.

›Das weist doch wieder auf den Igelriesen hin.‹

›Wieso?‹ antwortete Henzi kaltblütig. ›Die Mädchen entsprechen eben dem Typ des Hausierers.‹ Dann lachte er. ›Nimmt mich nur wunder, was Matthäi unternimmt. In seiner Haut möchte ich nicht stecken.‹

›Unterschätzen Sie ihn nicht‹, brummte ich. ›Der ist zu allem fähig.‹

›Wird er auch einen Mörder finden, den es gar nicht gibt, Kommandant?‹

›Vielleicht‹, antwortete ich und legte die drei Photographien wieder zu den Akten.

›Ich weiß nur, daß Matthäi nicht aufgibt.‹

Ich sollte recht behalten. Die erste Nachricht kam vom Chef der Stadtpolizei. Nach einer Sitzung. Wir hatten wieder einmal einen Kompetenzfall zu erledigen gehabt, worauf dieser Unglücksmensch, als er sich verabschiedete, auf Matthäi zu sprechen kam. Wohl um mich zu ärgern. Ich vernahm, er sei des öfteren im Zoologischen Garten gesehen worden, ferner habe er sich bei einer Garage am Escher-Wyß-Platz einen alten Nash erstanden. Kurz darauf erhielt ich eine weitere Meldung. Sie verwirrte mich vollends. Es war in der ›Kronenhalle‹, an einem Sonnabend, ich erinnere mich noch genau. Um mich herum war alles versammelt, was in Zürich Klang, Namen und Appetit hat, emsige Kellnerinnen dazwischen, die Voiture dampfte, und von der Straße her drang das Rollen des Verkehrs. Ich saß eben bei einer Leberknödelsuppe unter dem Miró und dachte an nichts Böses, als mich der Vertreter einer der großen Treibstoffirmen ansprach. Er setzte sich ohne weiteres an meinen Tisch. Er war leicht betrunken und übermütig, bestellte einen Marc und erzählte mir lachend, mein ehemaliger Oberleutnant habe den Beruf gewechselt und in Graubünden, in der Nähe von Chur, eine Benzintankstelle übernommen, welche die Firma schon habe aufgeben wollen, so unrentabel sei sie gewesen.

Ich wollte dieser Nachricht zuerst keinen Glauben schenken. Sie kam mir ungereimt vor, töricht, sinnlos.

Der Vertreter blieb dabei. Er rühmte, Matthäi stelle auch im neuen Beruf seinen Mann. Die Benzintankstelle floriere. Matthäi habe viele Kunden. Fast ausschließlich solche, mit denen er schon einmal beschäftigt gewesen sei, wenn auch in anderer Weise. Es müsse sich herumgesprochen haben, daß ›Matthäi am Letzten‹ zum Tankwart avanciert sei, so kämen denn die ›Ehemaligen‹ mit ihren Motorfahrzeugen von allen Seiten angerückt und angeflitzt. Vom vorsintflutlichen Bewegungsmittel bis zum teuersten Mercedes sei alles vertreten. Die Tankstelle Matthäis sei eine Art Pilgerort für die Unterwelt der ganzen Ostschweiz geworden. Der Benzinverkauf steige gewaltig. Soeben habe die Firma ihm eine zweite Tanksäule für Super eingerichtet. Sie habe ihm auch angeboten, ein modernes Gebäude anstelle des alten Hauses zu errichten, das er nun bewohne. Er hätte dankend abgelehnt und sich auch geweigert, einen Gehilfen einzustellen. Oft ständen die Wagen und Motorräder in Schlangen da, aber niemand werde ungeduldig. Die Ehre, sich von einem ehemaligen Oberleutnant der Kantonspolizei bedienen zu lassen, sei offensichtlich zu groß.

Ich wußte keine Antwort. Der Vertreter verabschiedete sich, und als die Voiture herandampfte, hatte ich keinen rechten Appetit mehr, aß nur wenig, bestellte Bier. Später kam wie gewohnt Henzi mit seiner Hottinger, finster, weil eine Abstimmung nicht nach seinem Sinn ausgefallen war, hörte sich die Neuigkeit an. Er meinte, nun habe Matthäi eben doch den Verstand verloren, er habe es immer prophezeit, wurde auf einmal bester Laune, aß zwei Steaks, während die Hottinger ununterbrochen vom Schauspielhaus erzählte. Sie kenne dort einige Leute.

Darauf, einige Tage später, klingelte das Telephon. Während einer Sitzung. Natürlich wieder mit der Stadtpolizei. Die Leiterin eines Waisenhauses. Das alte Fräulein erzählte mir aufgeregt, Matthäi sei bei ihr erschienen, feierlich gekleidet, ganz in Schwarz, um offenbar einen seriösen Eindruck zu machen, und habe sie gefragt, ob er nicht aus dem Kreise ihrer Schutzbefohlenen, wie sie sich ausdrückte, ein bestimmtes Mädchen haben dürfe. Nur dieses Kind komme in Betracht; ein Kind zu haben, sei immer sein Wunsch gewesen, und jetzt, da er allein eine Garage im Graubündischen betreibe, sei er auch in der Lage, es zu erziehen. Selbstverständlich habe sie dieses Ansinnen abgelehnt, höflich, auf die Statuten des Heims hinweisend; aber mein ehemaliger Oberleutnant habe ihr einen so seltsamen Eindruck gemacht, daß sie es für ihre Pflicht gehalten habe, mich zu informieren. Dann hängte sie auf. Das war nun freilich sonderbar. Ich zog verblüfft an meiner Bahianos. Doch ganz unmöglich wurde Matthäis Benehmen für uns in der Kasernenstraße erst durch eine andere Affäre. Wir hatten ein höchst bedenkliches Subjekt herzitiert. Es handelte sich um einen inoffiziellen Zuhälter und offiziellen Damencoiffeur, der sich in einem von vielen Dichtern ausgezeichneten Dorfe über dem See äußerst wohnlich in einer stattlichen Villa eingerichtet hatte. Jedenfalls war der Taxi- und Privatwagenverkehr dorthin mehr als rege. Ich hatte kaum mit dem Verhör begonnen, da trumpfte er auf. Er strahlte vor Freude, uns seine Neuigkeit unter die Nase zu reiben. Matthäi hauste in seiner Tankstelle mit der Heller zusammen. Ich läutete sofort Chur an, dann den Polizeiposten, der dort zuständig war; die Nachricht stimmte. Ich verstummte, die Tatsache hatte mir die Sprache verschlagen. Der Damencoiffeur saß triumphierend vor meinem Schreibtisch, kaute an seinem Chewing-Gum. Ich kapitulierte, ordnete an, den alten Sünder in Gottes Namen wieder laufen zu lassen. Er hatte uns ausgespielt.

Der Vorfall war alarmierend. Ich war perplex, Henzi empört, der Staatsanwalt angewidert, und der Regierungsrat, dem es auch zu Ohren kam, redete von Schande. Die Heller war einmal unser Gast in der Kasernenstraße gewesen. Eine Kollegin von ihr – na ja, eine ebenfalls stadtbekannte Dame – war ermordet worden; wir hatten die Heller in Verdacht gehabt, mehr von der Affäre zu wissen, als sie uns erzählte, und später war sie kurzerhand aus dem Kanton Zürich gewiesen worden, obgleich, sah man von ihrem Beruf ab, eigentlich nichts gegen sie vorlag. Aber es sitzen eben immer Leute in der Verwaltung, die ihre Vorurteile haben. Ich beschloß, einzugreifen, hinzufahren. Ich spürte, daß Matthäis Handeln mit Gritli Moser zusammenhing, begriff aber nicht, wie. Mein Nichtwissen machte mich wütend und unsicher, dazu kam auch die kriminalistische Neugier. Als Mann der Ordnung wollte ich in Erfahrung bringen, was hier gespielt wurde.«

»Ich machte mich auf den Weg. Mit meinem Wagen, allein. Es war Sonntag, wieder einmal, und es kommt mir – indem ich nun rückblicke – vor, als habe sich überhaupt viel Wichtiges in dieser Geschichte an Sonntagen abgespielt. Glockengeläute überall, das ganze Land schien zu bimmeln und zu dröhnen; dazu geriet ich noch irgendwo im Kanton Schwyz in eine Prozession. Auf der Straße ein Wagen nach dem andern, im Radio eine Predigt nach der andern. Später schoß, pfiff, knatterte und böllerte es bei jedem Dorf in den Schießständen. Alles war in monströser, sinnloser Unruhe, die ganze Ostschweiz schien in Bewegung geraten zu sein; irgendwo gab es ein Autorennen, dazu eine Menge Wagen aus der Westschweiz; man fuhr familienweise her, ganze Sippschaften rollten heran, und als ich die Tankstelle endlich erreichte, die Sie ja auch kennen, war ich von all dem lärmenden Gottesfrieden erschöpft. Ich schaute mich um. Die Tankstelle machte damals nicht den vernachlässigten Eindruck wie heute. Sie war vielmehr freundlich, alles sauber und in den Fenstern Geranien. Auch war noch keine Schenke vorhanden. Alles hatte etwas Solides und Kleinbürgerliches. Dazu kam, daß überall, der Straße entlang, Gegenstände auf ein Kind hinwiesen, eine Schaukel, ein großes Puppenhaus auf einer Bank, ein Puppenwagen, ein Schaukelpferd. Matthäi selbst bediente soeben einen Kunden, der sich hastig mit seinem Volkswagen davonmachte, als ich aus meinem Opel stieg. Neben Matthäi stand ein

Mädchen, sieben- oder achtjährig, eine Puppe im Arm. Es war blondzöpfig und hatte ein rotes Röcklein an. Das Kind kam mir bekannt vor, doch wußte ich nicht, weshalb, denn der Heller glich es eigentlich gar nicht.

›Das war doch der rote Meier‹, sagte ich und wies auf den Volkswagen, der sich entfernte. ›Erst vor einem Jahr entlassen.‹

›Benzin?‹ fragte Matthäi gleichgültig. Er trug einen blauen Monteuranzug.

›Super.‹

Matthäi füllte den Tank, putzte die Scheibe.

›Vierzehn dreißig.‹

Ich gab ihm fünfzehn. ›Es ist schon recht‹, sagte ich, als er mir herausgeben wollte, bekam aber gleich darauf einen roten Kopf. ›Verzeihen Sie, Matthäi, das ist mir nur so herausgerutscht.‹

›Aber bitte‹, antwortete er und steckte das Geld ein, ›das bin ich gewohnt.‹

Ich war verlegen, betrachtete aufs neue das Mädchen.

›Ein nettes kleines Ding‹, sagte ich.

Matthäi öffnete die Türe meines Wagen. ›Ich wünsche Ihnen eine gute Fahrt.‹

›Na ja‹, brummte ich, ›ich wollte eigentlich einmal mit Ihnen reden. Zum Teufel, Matthäi, was soll dies alles?‹

›Ich habe versprochen, Sie nicht mehr mit dem Fall Gritli Moser zu belästigen, Kommandant. Halten Sie nun Gegenrecht und belästigen Sie mich auch nicht‹, antwortete er und kehrte mir den Rücken.

›Matthäi‹, entgegnete ich, ›lassen wir doch die Kindereien.‹

Er schwieg. Nun begann es zu pfeifen und zu knallen. Irgendein Schießstand mußte hier in der Nähe sein.

Es ging gegen elf. Ich sah zu, wie er einen Alfa Romeo bediente.

›Der hat auch einmal seine dreieinhalb Jahre gesessen‹, bemerkte ich, als sich der Wagen entfernte. ›Wollen wir nicht hineingehen? Die Schießerei macht mich nervös. Ich kann sie nicht leiden.‹

Er führte mich ins Haus. Im Korridor begegneten wir der Heller, die mit Kartoffeln aus dem Keller kam. Sie war immer noch eine schöne Frau, und ich war als Kriminalbeamter etwas verlegen, schlechtes Gewissen. Sie schaute uns fragend an, einen Augenblick etwas beunruhigt, wie es schien, begrüßte mich dann aber freundlich, machte überhaupt einen guten Eindruck.

›Gehört das Kind ihr?‹ fragte ich, nachdem die Frau in der Küche verschwunden war.

Matthäi nickte.

›Wo haben Sie denn die Heller aufgetrieben?‹ fragte ich.

›In der Nähe. Sie arbeitete in der Ziegelfabrik.‹

›Und weshalb ist sie hier?‹

›Na‹, antwortete Matthäi, ›ich brauchte schließlich jemand für den Haushalt.‹

Ich schüttelte den Kopf.

›Ich möchte mit Ihnen unter vier Augen reden‹, sagte ich.

›Annemarie, geh in die Küche‹, befahl Matthäi.

Das Mädchen ging hinaus.

Das Zimmer war ärmlich, aber sauber. Wir setzten uns an einen Tisch beim Fenster. Draußen knallte es mächtig. Eine Salve um die andere.

›Matthäi‹, sagte ich abermals, ›was soll dies alles?‹

›Ganz einfach, Kommandant‹, antwortete mein ehemaliger Kommissär, ›ich fische.‹

›Was wollen Sie damit sagen?‹

›Kriminalistische Arbeit, Kommandant.‹

Ich zündete mir ärgerlich eine Bahianos an.

›Ich bin kein Anfänger, aber ich begreife wirklich nichts.‹

›Geben Sie mir auch so eine.‹

›Bitte‹, sagte ich und schob ihm das Etui hin.

Matthäi stellte Kirsch auf. Wir saßen in der Sonne; das Fenster war halb geöffnet, draußen vor den Geranien mildes Juniwetter und die Knallerei. Wenn ein Wagen hielt, was nun selten vorkam, da es gegen Mittag ging, bediente die Heller.

›Locher hat Ihnen ja über unser Gespräch berichtet‹, sagte Matthäi, nachdem er die Bahianos sorgfältig in Brand gesteckt hatte.

›Das hat uns nicht weitergebracht.‹

›Aber mich.‹

›Inwiefern?‹ fragte ich.

›Die Kinderzeichnung entspricht der Wahrheit.‹

›So. Und was sollen nun die Igel bedeuten?‹

›Das weiß ich noch nicht‹, antwortete Matthäi, ›aber was das Tier mit den seltsamen Hörnern darstellt, habe ich herausbekommen.‹

›Nun?‹

›Es ist ein Steinbock‹, sagte Matthäi gemächlich und zog an seiner Zigarre, paffte den Rauch in die Stube.

›Deshalb waren Sie im Zoo?‹

›Tagelang‹, antwortete er. ›Ich habe auch Kinder Steinböcke zeichnen lassen. Was sie zeichneten, glich dem Tier Gritli Mosers.‹ Ich begriff.

›Der Steinbock ist das Wappentier Graubündens‹, sagte ich. ›Das Wappen dieser Gegend.‹

Matthäi nickte. ›Das Wappen am Nummernschild des Wagens ist dem Gritli aufgefallen.‹

Die Lösung war einfach.

›Daran hätten wir gleich denken können‹, brummte ich.

Matthäi beobachtete seine Zigarre, das Wachsen der Asche, den leichten Rauch.

›Der Fehler‹, sagte er ruhig, ›den wir begingen, Sie, Henzi und ich, war die Annahme, der Mörder handle von Zürich aus. In Wahrheit kommt er aus Graubünden. Ich bin den verschiedenen Tatorten nachgegangen, sie liegen alle auf der Strecke Graubünden-Zürich.‹

Ich überlegte mir die Sache.

›Matthäi, daran mag etwas liegen‹, mußte ich dann zugeben.

›Das ist noch nicht alles.‹

›Nun?‹

›Ich bin Fischerjungen begegnet.‹

›Fischerjungen?‹

›Na ja, Buben, die fischten, genauer.‹

Ich starrte ihn verwundert an.

›Sehen Sie‹, erzählte er, ›nach meiner Entdeckung fuhr ich zuerst in den Kanton Graubünden. Logischerweise. Doch bin ich mir bald über den Unsinn meines Unterfangens klar geworden. Der Kanton Graubünden ist so groß, daß es schwerhält, hier einen Menschen zu finden, von dem man nichts weiß, als daß er großgewachsen sein muß und einen alten schwarzen Amerikaner fährt. Über siebentausend Quadratkilometer, über hundertdreißigtausend Menschen verzettelt in Unmengen von Tälern – ein Ding der Unmöglichkeit. An einem kalten Tage nun habe ich ratlos am Inn gesessen, im Engadin, und schaute Knaben zu, die sich am Flußufer beschäftigten. Ich wollte mich schon abwenden, als ich bemerkte, daß die Buben auf mich aufmerksam geworden waren. Sie sahen erschrocken aus und standen verlegen herum. Einer hatte eine selbstverfertigte Angel bei sich. ‚Fische nur weiter', sagte ich. Die Knaben betrachteten mich mißtrauisch. ‚Sind Sie von der Polizei?' fragte ein rothaariger, etwa zwölfjähriger Junge mit Sommersprossen. ‚Sehe ich so aus?' entgegnete ich. ‚Na, ich weiß nicht', antwortete der Junge. ‚Ich bin nicht von der Polizei', erklärte ich. Dann schaute ich zu, wie sie die Köder ins Wasser warfen. Es waren fünf Buben, alle in ihre Beschäftigung versunken. ‚Es beißt keiner an', sagte nach einer Weile der sommersprossige Junge resigniert und kletterte das Ufer hoch, kam zu mir. ‚Haben Sie vielleicht eine Zigarette?' fragte er. ‚Du bist ja gut', sagte ich, ‚du in deinem Alter.' ‚Sie sehen so aus, als würden Sie mir aber eine geben', erklärte der Junge. ‚Dann muß ich wohl', antwortete ich und hielt ihm mein Paket Parisiennes hin. ‚Danke', sagte der Sommersprossige, ‚Feuer habe ich selbst.' Dann blies er den Rauch durch die Nase. ‚Das tut gut, nach dem totalen Mißerfolg der Fischerei', erklärte er großtuerisch. ‚Na', meinte ich, ‚deine Kameraden scheinen aber eine größere Ausdauer als du zu haben. Sie fischen weiter, und sicher werden sie bald etwas fangen.' ‚Das werden sie nicht', behauptete der Junge, ‚höchstens eine Äsche.' ‚Du möchtest wohl einen Hecht', neckte ich ihn. ‚Hechte interessieren mich nicht', antwortete der Knabe. ‚Forellen. Aber das ist eine Geldfrage.' ‚Wieso?' wunderte ich mich. ‚Als Kind habe ich sie mit der Hand gefangen.' Er schüttelte geringschätzig den Kopf. ‚Das waren junge. Aber fangen Sie einmal einen ausgewachsenen Räuber mit der Hand. Forellen sind Raubfische wie die Hechte, doch schwieriger zu fangen. Dazu sollte man eben ein Patent haben, und das kostet Geld', fügte der Junge bei. ‚Na, ihr macht es schließlich ohne Geld', lachte ich. ‚Der Nachteil ist nur', erklärte der Junge, ,daß wir nicht an die richtigen Orte kommen. Da sitzen eben die mit den Patenten.' ,Was verstehst du unter einem richtigen Ort?' fragte ich. ,Sie verstehen offenbar nichts vom Fischen', stellte der Junge fest. ,Das sehe ich ein', antwortete ich. Wir hatten uns beide auf die Uferböschung gesetzt. ,Sie stellen sich wohl vor, daß man die Angel einfach irgendwo ins Wasser werfen müßte?' meinte er. Ich wunderte mich ein wenig und fragte, was denn da Falsches dabei sei? ,Typisch für einen Anfänger', entgegnete der Sommersprossige und blies wieder den Rauch durch die Nase: ,Zum Fischen muß man vor allem zweierlei kennen: den Ort und den Köder.' Ich hörte ihm aufmerksam zu. ,Nehmen wir an', fuhr der Knabe fort, ,Sie wollen eine Forelle fangen, einen ausgewachsenen Räuber. Sie müssen nun zuerst überlegen, wo sich der Fisch am liebsten aufhält. An einem Ort natürlich, wo er gegen die Strömung geschützt ist, und zweitens wo eine große Strömung ist, weil hier um so mehr Tiere vorbeigeschwommen kommen, also etwa flußabwärts hinter einem großen Stein oder noch besser: flußabwärts hinter einem Brückenpfeiler. Solche Orte sind natürlich leider von Patentfischern besetzt.' ,Die Strömung muß unterbrochen werden', sagte ich. ,Sie haben es kapiert', nickte er stolz. ,Und der Köder?' fragte ich. ,Da kommt es eben darauf an, ob Sie einen Raubfisch fangen wollen oder etwa eine Äsche oder einen Aalbock, die Vegetarier sind', war seine Antwort. ,Einen Aalbock zum Beispiel können Sie mit einer Kirsche fangen. Aber einen Raubfisch, eine Forelle also oder einen Barsch, müssen Sie mit etwas Lebendigem fangen. Mit einer Mücke, mit einem Wurm oder mit einem kleinen Fisch.' ,Mit etwas Lebendigem', sagte ich nachdenklich und erhob mich. ,Hier', sagte ich und gab dem Jungen das ganze Paket Parisiennes. ‚Das hast du verdient. Jetzt weiß ich, wie ich meinen Fisch fangen muß. Zuerst muß ich den Ort suchen und dann den Köder.‘‹

Matthäi schwieg. Ich sagte lange nichts, trank meinen Schnaps, starrte ins schöne Vorsommerwetter mit der Knallerei vor dem Fenster und zündete meine erloschene Zigarre wieder an.

›Matthäi‹, begann ich endlich, ›nun verstehe ich auch, was Sie vorhin mit dem Fischen meinten. Hier bei dieser Tankstelle ist der günstige Ort, und diese Straße ist der Fluß, nicht wahr?‹

Matthäi verzog keine Miene.

›Wer von Graubünden nach Zürich will, muß sie benützen, will er nicht den Umweg über den Oberalppaß machen‹, antwortete er ruhig.

›Und das Mädchen ist der Köder‹, sagte ich und erschrak.

›Es heißt Annemarie‹, antwortete Matthäi.

›Und jetzt weiß ich auch, wem es gleicht‹, stellte ich fest. ›Dem ermordeten Gritli Moser.‹

Wir schwiegen beide aufs neue. Draußen war es wärmer geworden, die Berge flimmerten im Dunst, und die Schießerei dauerte an, offenbar ein Schützenfest. ›Begehen Sie da nicht eine Teufelei?‹ fragte ich endlich zögernd.

›Möglich‹, gab er zur Antwort.

Ich fragte besorgt: ›Sie wollen nun hier warten, bis der Mörder vorbeikommt, die Annemarie sieht und in die Falle gerät, die Sie ihm gestellt haben?‹

›Der Mörder *muß* hier vorbeikommen‹, antwortete er.

Ich überlegte. ›Gut‹, sagte ich dann, ›nehmen wir an, Sie hätten recht. Es gebe diesen Mörder. Es ist ja nicht ausgeschlossen, daß es so ist. In unserem Beruf ist alles möglich. Aber glauben Sie nicht, daß Ihre Methode zu gewagt ist?‹

›Es gibt keine andere Methode‹, erklärte er und warf den Zigarrenstummel zum Fenster hinaus. ›Ich weiß vom Mörder nichts. Ich kann ihn nicht suchen. Also mußte ich sein nächstes Opfer suchen, ein Mädchen, und das Kind als Köder aussetzen.‹

›Schön‹, sagte ich, ›aber die Methode haben Sie von der Art und Weise des Fischens übernommen. Das eine deckt sich jedoch nicht ganz mit dem andern. Ein Mädchen können Sie doch nicht immer wie einen Köder in der Nähe der Straße halten, es muß doch auch zur Schule, es will doch auch fort von Ihrer verfluchten Landstraße.‹

›Bald beginnen die großen Ferien‹, antwortete Matthäi hartnäckig.

Ich schüttelte den Kopf.

›Ich fürchte, daß Sie sich in eine Idee verrennen‹, entgegnete ich. ›Sie können doch nicht hier bleiben, bis etwas geschehen soll, was vielleicht gar nicht geschehen wird. Zugegeben, der Mörder kommt hier aller Wahrscheinlichkeit nach durch, aber damit ist doch noch nicht gesagt, daß er Ihren Köder ergreifen wird, um nun schon bei diesem Vergleich zu bleiben. Und dann warten Sie und warten ...‹

›Auch beim Fischen muß man warten‹, antwortete Matthäi störrisch.

Ich spähte aus dem Fenster, sah zu, wie die Frau den Oberholzer bediente. Sechs Jahre Regensdorf im ganzen.

›Weiß die Heller, weshalb Sie hier sind, Matthäi?‹

›Nein‹, erwiderte er. ›Ich habe der Frau erklärt, es gehe mir nur darum, eine Haushälterin zu finden.‹

Es war mir gar nicht wohl zumute. Der Mann imponierte mir zwar, seine Methode war ungewöhnlich, hatte etwas Grandioses. Ich bewunderte ihn auf einmal, wünschte ihm

Erfolg, wenn auch vielleicht nur, um den gräßlichen Henzi zu demütigen; dennoch hielt ich sein Unternehmen für aussichtslos, das Risiko zu groß, die Gewinnchancen zu klein.

›Matthäi‹, versuchte ich ihn zur Vernunft zu bringen, ›noch ist es Zeit für Sie, den Posten in Jordanien doch anzunehmen, sonst werden die Berner Schafroth schicken.‹

›Er soll nur gehen.‹

Ich gab es immer noch nicht auf. ›Hätten Sie keine Lust, bei uns wieder einzutreten?‹

›Nein.‹

›Wir würden Sie vorerst im innern Dienst beschäftigen, zu den alten Bedingungen.‹

›Ich habe keine Lust.‹

›Sie können auch zur Stadtpolizei hinüberwechseln. Das müssen Sie sich doch schon rein finanziell überlegen.‹

›Ich verdiene als Tankstellenbesitzer nun fast mehr als im Staatsdienst‹, antwortete Matthäi. ›Aber da kommt ein Kunde, und Frau Heller wird jetzt mit ihrem Schweinsbraten beschäftigt sein.‹

Er erhob sich und ging hinaus. Dann mußte er gleich darauf einen weiteren Kunden bedienen. Den schönen Leo. Als er mit der Arbeit fertig war, saß ich schon in meinem Wagen.

›Matthäi‹, sagte ich, indem ich mich verabschiedete, ›Ihnen ist wirklich nicht zu helfen.‹

›Es ist nun eben so‹, antwortete er und gab mir das Zeichen, die Straße sei frei. Neben ihm stand das Mädchen im roten Röcklein, und in der Türe stand die Heller mit umgebundener Schürze, wieder voll Mißtrauen, wie ich an ihrem Blick sah. Ich fuhr zurück.«

»So wartete er denn. Unerbittlich, hartnäckig, leidenschaftlich. Er bediente seine Kunden, tat seine Arbeit, Benzin einfüllen, Öl, Wasser nachfüllen, Scheiben wischen, immer die gleichen mechanischen Hantierungen. Das Kind war neben ihm oder beim Puppenhaus, wenn es von der Schule zurückkam, trippelnd, hüpfend, staunend, vor sich hin redend, oder saß singend auf der Schaukel mit fliegenden Zöpfen und rotem Röcklein. Er wartete und wartete. Die Autos fuhren an ihm vorbei, Wagen in allen Farben und allen Steuerklassen, alte Wagen, neue Wagen. Er wartete. Er schrieb die Fahrzeuge aus dem Kanton Graubünden auf, suchte im Verzeichnis nach ihren Besitzern, erkundigte sich telephonisch in den Gemeindeschreibereien nach ihnen. Die Heller arbeitete in einer kleinen Fabrik beim Dorfe gegen die Berge hin und kehrte nur abends über die kleine Anhöhe hinter dem Haus zurück, mit der Einkaufstasche und dem Netz voll Brot, und in den Nächten manchmal strich es ums Haus herum, leise Pfiffe, doch öffnete sie nicht. Der Sommer kam, heiß, endlos, flimmernd, lastend, mit gewaltigen Entladungen oft, und so brachen die großen Ferien an. Matthäis Chance war gekommen. Annemarie blieb nun stets bei ihm und damit bei der Straße, jedem sichtbar, der vorbeifuhr. Er wartete und wartete. Er spielte mit dem Mädchen, erzählte ihm Märchen, den ganzen Grimm, den ganzen Andersen, ›Tausendundeine Nacht‹, erfand selbst welche, tat verzweifelt alles, um das Mädchen an sich zu fesseln, an die Straße, an welcher er es haben mußte. Es blieb, zufrieden mit den Geschichten und Märchen. Die Automobilisten betrachteten das Paar verwundert oder gerührt als Idyll von Vater und Kind, schenkten dem Mädchen Schokolade, plauderten mit ihm, von Matthäi belauert. War dieser große schwere Mann der Lustmörder? Sein Wagen kam aus Graubünden. Oder jener lange, hagere, der nun mit dem Mädchen sprach? Inhaber einer Confiserie in Disentis, wie er schon längst herausgebracht hatte. ›Öl in Ordnung? Bitte sehr. Schütte noch einen halben Liter nach. Dreiundzwanzig zehn. Gute Reise dem Herrn.‹

Er wartete und wartete. Annemarie liebte ihn, war zufrieden mit ihm; er hatte nur eines im Sinn, das Erscheinen des Mörders. Es gab für ihn nichts als diesen Glauben an sein Erscheinen, nichts als diese Hoffnung, nur diese Sehnsucht, nur diese Erfüllung. Er stellte sich vor, wie der Bursche käme, gewaltig, linkisch, kindlich, voll Zutraulichkeit und Mordgier, wie er immer wieder erscheinen würde bei der Tankstelle, freundlich grinsend und feierlich gekleidet, ein pensionierter Eisenbahner etwa oder ein ausgedienter Zollbeamter; wie das Kind sich weglocken ließe, allmählich, wie er den beiden in den Wald hinter der Tankstelle folgen würde, geduckt, leise, wie er im entscheidenden Augenblick vorschnellen würde und wie es dann zum wilden blutigen Kampfe von Mann zu Mann käme, zur Entscheidung, zur Erlösung, und wie der Mörder dann vor ihm liegen würde, zerschlagen, winselnd, gestehend. Doch dann mußte er sich wieder sagen, daß dies alles unmöglich sei, weil er das Kind zu offensichtlich bewachte; daß er dem Kind mehr Freiheit lassen müsse, wenn er zu einem Resultat kommen wollte. Dann entließ er Annemarie von der Straße, zog ihr aber heimlich nach, ließ die Tankstelle allein, vor der die Wagen ärgerlich tuteten. Das Mädchen hüpfte dann zum Dorf, einen Weg von einer halben Stunde, spielte mit Kindern bei den Bauernhäusern oder am Waldrand, doch kehrte es stets nach kurzem zurück. Es war an die Einsamkeit gewöhnt und scheu. Auch wurde es von den anderen Kindern gemieden. Dann änderte er die Taktik wieder, erfand neue Spiele, neue Märchen, lockte Annemarie wieder an sich. Er wartete und wartete. Unbeirrbar, unablenkbar. Ohne eine Erklärung abzugeben. Denn der Heller war die Aufmerksamkeit, die er dem Kinde schenkte, schon lange aufgefallen. Sie hatte nie geglaubt, daß Matthäi sie aus bloßer Gutmütigkeit zur Haushälterin genommen hatte. Sie spürte, daß er etwas beabsichtigte, doch war sie geborgen bei ihm, zum erstenmal vielleicht in ihrem Leben, und so dachte sie nicht weiter nach; vielleicht machte sie sich auch Hoffnungen, wer weiß, was in einem armen Weibe vorgeht; das Interesse jedenfalls, das Matthäi ihrem Kinde gegenüber zeigte, schrieb sie mit der Zeit einer echten Zuneigung zu, wenn auch manchmal ihr altes Mißtrauen und ihr alter Sinn für Realitäten wieder zum Vorschein kamen.

›Herr Matthäi‹, sagte sie einmal, ›es geht mich zwar nichts an, aber ist der Kommandant der Kantonspolizei meinetwegen hierher gekommen?‹

›Aber nein‹, antwortete Matthäi, ›warum sollte er denn?‹

›Die Leute im Dorf reden über uns.‹

›Das ist doch unwichtig.‹

›Herr Matthäi‹, begann sie von neuem, ›hat Ihr Aufenthalt hier etwas mit Annemarie zu tun?‹

›Unsinn‹, lachte er. ›Ich liebe das Kind einfach, das ist alles, Frau Heller.‹

›Sie sind gut zu mir und Annemarie‹, antwortete sie. ›Wenn ich nur wüßte, weshalb.‹

Dann gingen die großen Ferien zu Ende; der Herbst war da, die Landschaft überdeutlich, rot und gelb, wie unter einer gewaltigen Lupe. Matthäi war es, als ob eine große Gelegenheit verpaßt sei; dennoch wartete er weiter. Zäh und verbissen. Das Kind ging zu Fuß in die Schule, er ging ihm mittags und abends meistens entgegen, holte es mit seinem Wagen heim. Sein Vorhaben war immer unsinniger, unmöglicher, die Gewinnchance immer geringer, er wußte es genau; wie oft schon mußte der Mörder an der Tankstelle vorübergefahren sein, überlegte er, vielleicht täglich, sicher wöchentlich, und noch hatte sich nichts ereignet, noch tappte er im Dunkeln, noch zeigte sich kein Anhaltspunkt, nicht einmal die Spur eines Verdachts, nur Automobilisten, die kamen und gingen, bisweilen mit dem Mädchen schwatzten, harmlos, zufällig, undurchdringlich. Wer von ihnen war der Gesuchte, war es überhaupt einer von ihnen? Vielleicht hatte er nur deshalb keinen Erfolg, weil sein alter Beruf doch vielen bekannt war; das hatte er ja nicht vermeiden können, auch nicht damit gerechnet. Doch machte er weiter, wartete und wartete. Er konnte nicht mehr zurück; das Warten war die einzige Methode, auch wenn es ihn aufrieb, auch wenn er manchmal nahe daran war, die Koffer zu packen, wegzureisen, fluchtartig, meinetwegen nach Jordanien; auch wenn er manchmal fürchtete, den Verstand zu verlieren. Dann gab es Stunden, Tage, wo er gleichgültig wurde, apathisch, zynisch, den Dingen ihren Lauf ließ, auf der Bank vor der Tankstelle saß, einen Schnaps um den andern trank, vor sich hin stierte, Zigarrenstummel auf dem Boden. Dann raffte er sich wieder hoch, sank aber immer mehr in seinen gleichgültigen Zustand zurück, verdöste die Tage, die Wochen im absurden grausamen Warten. Verloren, verquält, hoffnungslos und doch voll Hoffnung. Einmal aber, als er dasaß, unrasiert, müde, ölverschmiert, schrak er auf. Plötzlich kam es ihm zum Bewußtsein, daß Annemarie noch nicht von der Schule zurück war. Er machte sich auf den Weg, zu Fuß. Die ungeteerte staubige Straße stieg hinter dem Hause leicht bergan, senkte sich dann, führte über eine verdorrte Ebene, durchquerte den Wald, von dessen Rand man das Dorf von weitem sehen konnte, alte Häuser um eine Kirche geduckt, blauer Rauch über den Schornsteinen. Auch war von hier der Weg zu überblicken, den Annemarie kommen mußte, doch war keine Spur von ihr zu sehen. Matthäi wandte sich aufs neue dem Walde zu, gespannt auf einmal, hellwach; niedere Tannen, Gestrüpp, rot und braun raschelndes Laub am Boden, das Hämmern des Spechts irgendwo im Hintergrund, wo sich größere Tannen vor den Himmel schoben, zwischen denen die Sonne in schrägen Strahlen hindurchbrach. Matthäi verließ den Weg, zwängte sich durch Dornen, Unterholz; Äste schlugen ihm ins Gesicht. Er erreichte eine Lichtung, schaute sich verwundert um, er hatte sie noch nie bemerkt. Von der anderen Waldseite her mündete ein großer Weg ein, der wohl dazu diente, auf ihm Abfälle vom Dorfe herzuschaffen, denn ein Berg von Asche türmte sich in der Lichtung. An seinen Flanken lagen Konservendosen, rostige Drähte und sonstiges Zeug, eine Ansammlung von Unrat, die sich zu einem Bächlein hinab senkte, das mitten in der Lichtung murmelte. Dann erst erspähte Matthäi das Mädchen. Es saß am Ufer des kleinen silbrigen Gewässers, die Puppe neben sich und den Schulsack.

›Annemarie‹, rief Matthäi.

›Ich komme ja schon‹, antwortete das Mädchen, blieb aber sitzen.

Matthäi kletterte vorsichtig über den Abfallhaufen und blieb schließlich neben dem Kind stehen.

›Was machst du denn hier?‹ fragte er.

›Warten.‹

›Auf wen denn?‹

›Auf den Zauberer.‹

Das Mädchen hatte nichts als Märchen im Kopf; bald wartete es auf eine Fee, bald auf einen Zauberer; es war wie eine Verhöhnung seines eigenen Wartens. Die Verzweiflung kam wieder über ihn, die Einsicht in die Nutzlosigkeit seines Tuns und das lähmende Wissen, daß er trotzdem warten mußte, weil er nichts anderes mehr tun konnte als warten, warten und warten.

›Komm nun‹, sagte er gleichgültig, nahm das Kind an der Hand und ging mit ihm durch den Wald zurück, setzte sich wieder auf die Bank, stierte wieder vor sich hin; die Dämmerung kam, die Nacht; alles war ihm gleichgültig geworden; er saß da, rauchte, wartete und wartete, mechanisch, stur, unerbittlich, nur manchmal flüsternd, beschwörend, ohne es zu wissen: ›Komm doch, komm, komm, komm‹; unbeweglich im weißen Mondlicht, schlief dann plötzlich ein, wachte steif durchfroren in der Morgendämmerung auf, kroch ins Bett.

Doch am nächsten Morgen kam Annemarie etwas früher aus der Schule zurück als sonst. Matthäi hatte sich gerade von seiner Bank erhoben, um das Mädchen abzuholen, als es daherkam, den Schulsack auf dem Rücken, leise vor sich hin singend und hüpfend, von einem Bein auf das andere wechselnd. Die Puppe hing von seiner Hand hinunter, die kleinen Füße schepperten über den Boden.

›Schulaufgaben?‹ fragte Matthäi.

Annemarie schüttelte den Kopf, weitersingend: ›Maria saß auf einem Stein‹, und ging ins Haus. Er ließ sie gehen, er war zu verzweifelt, zu ratlos, zu müde, um ihr neue Märchen zu erzählen, sie mit neuen Spielen zu locken.

Doch als die Heller heimkam, fragte sie: »War Annemarie lieb?‹

›Sie war doch in der Schule‹, antwortete Matthäi.

Die Heller schaute ihn erstaunt an: ›In der Schule? Annemarie hatte doch frei, Lehrerkonferenz oder so.‹

Matthäi wurde aufmerksam. Die Enttäuschung der letzten Wochen war auf einmal verflogen. Er witterte, daß die Erfüllung seines Hoffens, seiner wahnwitzigen Erwartung nahe war. Er beherrschte sich mit Mühe. Er fragte die Heller nicht mehr aus. Er drang auch nicht weiter in das Mädchen. Er fuhr aber am nächsten Nachmittag ins Dorf und ließ den Wagen in einer Seitengasse. Er wollte das Mädchen heimlich beobachten. Es ging gegen vier. Aus den Fenstern drang Singen, dann Geschrei, die Schüler kamen, tollten herum, Kämpfe zwischen Buben, Steine flogen, Mädchen Arm in Arm; doch war Annemarie nicht unter ihnen. Die Lehrerin kam, reserviert, Matthäi streng musternd. Er vernahm, daß Annemarie nicht in die Schule gekommen war, ob sie krank sei, schon vorgestern nachmittag sei sie nicht gekommen, und die Entschuldigung habe sie auch nicht gebracht. Matthäi antwortete, das Kind sei in der Tat krank, grüßte und fuhr wie von Sinnen in den Wald zurück. Er stürmte zur Lichtung, fand nichts. Erschöpft, schwer atmend, zerkratzt und blutend von den Dornen kehrte er zum Wagen zurück und fuhr zur Tankstelle, sah aber, bevor er sie erreichte, das Mädchen vor sich dem Straßenrand entlang hüpfend. Er hielt an.

›Steig ein, Annemarie‹, sagte er freundlich, nachdem er die Türe geöffnet hatte.

Matthäi reichte dem Mädchen die Hand, und es kletterte ins Auto. Er stutzte. Das Händchen des Mädchens war klebrig. Und als er seine eigene Hand betrachtete, wies sie Spuren von Schokolade auf.

›Von wem hast du Schokolade bekommen?‹ fragte er.

›Von einem Mädchen‹, antwortete Annemarie.

›In der Schule?‹

Annemarie nickte. Matthäi antwortete nichts. Er fuhr den Wagen vor das Haus. Annemarie kletterte hinaus und setzte sich auf die Bank neben der Tankstelle. Matthäi beobachtete sie unauffällig. Das Kind schob etwas in den Mund und kaute. Er kam langsam auf das Mädchen zu.

›Zeig her‹, sagte er und öffnete vorsichtig das leicht geballte Händchen des Mädchens. Darin lag eine angebissene stachelige Schokoladekugel. Eine Trüffel.

›Hast du noch mehr davon?‹ fragte Matthäi.

Das Mädchen schüttelte den Kopf.

Der Kommissär griff in Annemaries Rocktasche, zog das Taschentuch hervor, wickelte es auf; zwei weitere Trüffeln lagen darin.

Das Mädchen schwieg.

Auch der Kommissär sagte nichts. Ein ungeheures Glück bemächtigte sich seiner. Er setzte sich neben das Kind auf die Bank.

›Annemarie‹, fragte er endlich, und seine Stimme zitterte, während er die beiden stacheligen Schokoladekugeln sorgfältig in der Hand behielt.

›Der Zauberer hat sie dir gegeben?‹

Das Mädchen schwieg.

›Er hat dir verboten, von euch zu erzählen?‹ fragte Matthäi.

Keine Antwort.

›Das sollst du auch nicht‹, sagte Matthäi freundlich. ›Er ist ein lieber Zauberer. Geh nur morgen wieder zu ihm.‹

Das Mädchen strahlte auf einmal wie in gewaltiger Freude, umarmte Matthäi, heiß vor Glück, und rannte dann in sein Zimmer hinauf.«

»Am nächsten Morgen um acht, ich war soeben in meinem Büro angekommen, legte mir Matthäi die Trüffeln auf den Schreibtisch; er grüßte kaum vor Erregung. Er war in seinem früheren Anzug, doch ohne Krawatte und unrasiert. Er nahm sich eine Zigarre aus der Kiste, die ich ihm hinschob, paffte los.

›Was soll ich mit dieser Schokolade?‹ fragte ich hilflos.

›Die Igel‹, antwortete Matthäi.

Ich schaute ihn überrascht an, drehte die kleinen Schokoladekugeln hin und her. ›Wieso?‹

›Ganz einfach‹, erklärte er, ›der Mörder gab dem Gritli Moser Trüffeln, und es machte daraus Igel. Die Kinderzeichnung ist enträtselt.‹

Ich lachte: ›Wie wollen Sie das beweisen?‹

›Nun, das gleiche ist mit Annemarie geschehen‹, antwortete Matthäi und berichtete.

Ich war auf der Stelle überzeugt. Ich ließ Henzi, Feller und vier Polizeisoldaten kommen, gab meine Anweisungen und unterrichtete den Staatsanwalt. Dann fuhren wir los. Die Tankstelle war verwaist. Frau Heller hatte das Kind in die Schule gebracht und war dann in die Fabrik gegangen.

›Weiß die Heller, was vorgefallen ist?‹ fragte ich.

Matthäi schüttelte den Kopf. ›Sie ist ahnungslos.‹

Wir gingen zur Lichtung. Wir untersuchten sie sorgfältig, doch fanden wir nichts. Dann verteilten wir uns. Es ging gegen Mittag; Matthäi kehrte zur Tankstelle zurück, um keinen Verdacht zu erregen. Der Tag war günstig. Donnerstag, das Kind hatte nachmittags keine Schule; Gritli Moser wurde ebenfalls an einem Donnerstag ermordet, schoß es mir durch den Sinn. Es war ein heller Herbsttag, heiß, trocken, überall das Gesumm von Bienen und Wespen und anderen Insekten, Vogelgekreisch, ganz von fern hallende Axtschläge. Zwei Uhr, deutlich waren die Glocken vom Dorfe her zu hören, und dann erschien das Mädchen, brach mir gegenüber durch das Gesträuch, mühelos, hüpfend, springend, lief zum kleinen Bach mit seiner Puppe, setzte sich, schaute ohne Unterlaß gegen den Wald, aufmerksam, gespannt, mit glänzenden Augen, schien jemand zu erwarten, doch konnte es uns nicht sehen. Wir hatten uns hinter den Bäumen und Sträuchern verborgen. Dann kam Matthäi vorsichtig zurück, lehnte sich an einen Baumstamm in meiner Nähe, wie ich es ebenfalls tat.

›Ich denke, in einer halben Stunde wird er kommen‹, flüsterte er.

Ich nickte.

Es war alles aufs peinlichste organisiert. Der Zugang von der Hauptstraße her zum Walde war überwacht, sogar ein Funkgerät an Ort und Stelle. Wir waren alle bewaffnet, Revolver. Das Kind saß da am Bächlein, fast unbeweglich, voll staunender, banger, wundervoller Erwartung, den Abfallhaufen im Rücken, bald in der Sonne, bald im Schatten irgendeiner der großen dunklen Tannen; kein Laut war zu hören außer dem Summen der Insekten und dem Trillern der Vögel; nur manchmal sang das Mädchen vor sich hin mit seiner dünnen Stimme ›Maria saß auf einem Stein‹, immer wieder, immer die gleichen Worte und Verse; und um den Stein herum, auf dem es saß, häuften sich rostig

Konservendosen, Kanister und Drähte; und manchmal, nur in unvermittelten Stößen, brauste der Wind über die Lichtung her, Laub tanzte auf, raschelte, und dann war es wieder still. Wir warteten. Es gab für uns nichts mehr in der Welt als diesen durch den Herbst verzauberten Wald mit dem kleinen Mädchen im roten Rock auf der Lichtung. Wir warteten auf den Mörder, entschlossen, gierig nach Gerechtigkeit, Abrechnung, Strafe. Die halbe Stunde war schon längst vorüber; eigentlich schon zwei. Wir warteten und warteten, warteten nun selbst, wie Matthäi wochen-, monatelang gewartet hatte. Es wurde fünf; die ersten Schatten, dann die Dämmerung, das Verblassen, das Stumpfwerden all der leuchtenden Farben. Das Mädchen hüpfte davon. Keiner von uns sagte ein Wort, nicht einmal Henzi.

›Wir kommen morgen wieder‹, bestimmte ich, ›wir übernachten in Chur. Im ‚Steinbock'.‹

Und so warteten wir denn auch am Freitag und am Samstag. Eigentlich hätte ich graubündische Polizei nehmen müssen. Aber es war unsere Angelegenheit. Ich wollte keine Erklärungen abgeben müssen, wünschte keine Einmischung. Der Staatsanwalt rief schon am Donnerstagabend an, begehrte auf, protestierte, drohte, nannte alles einen Unsinn, tobte, verlangte unsere Rückkehr. Ich blieb fest, setzte unser Bleiben durch, ließ nur einen der Polizeisoldaten zurückkehren. Wir warteten und warteten. Es ging uns jetzt eigentlich nicht mehr um das Kind und nicht mehr um den Mörder, es ging uns um Matthäi, der Mann mußte recht behalten, an sein Ziel kommen, sonst geschah ein Unglück; wir fühlten es alle, sogar Henzi, der sich überzeugt gab, Freitagabend bestimmt erklärte, der unbekannte Mörder komme samstags, wir hätten ja den unumstößlichen Beweis, die Igel eben, dazu käme das Kind doch immer wieder, sitze regungslos an derselben Stelle, man sehe ja, daß es jemand erwarte. So standen wir in unseren Verstecken, hinter unseren Bäumen, Sträuchern, regungslos, stundenlang, starrten auf das Kind, auf die Konservenbüchsen, auf das Drahtgeschlinge, auf das Aschengebirge, rauchten stumm vor uns hin, ohne miteinander zu sprechen, ohne uns zu bewegen, hörten immer wieder singen ›Maria saß auf einem Stein‹. Am Sonntag war die Lage schwieriger. Der Wald war plötzlich durchzogen von Spaziergängern, des anhaltenden schönen Wetters wegen; irgendein gemischter Chor mit Dirigent brach in die Lichtung ein, lärmend, schwitzend, hemdärmlig, stellte sich auf. Es dröhnte gewaltig: ›Das Wandern ist des Müllers Lust, das Wandern.‹ Zum Glück waren wir nicht in Uniform hinter unseren Sträuchern und Bäumen. ›Die Himmel rühmen des Ewigen Ehre ...‹, ›doch uns geht's immer je länger je schlimmer‹; später kam ein Liebespaar, benahm sich ungeniert, trotz der Anwesenheit des Kindes, das einfach dasaß, in unbegreiflicher Geduld, in unfaßlicher Erwartung, nun doch schon vier Nachmittage lang. Wir warteten und warteten. Die drei Polizeisoldaten waren nun auch zurückgekehrt samt dem Funkgerät; wir waren nur noch zu viert, außer Matthäi und mir nur noch Henzi und Feller, wenn auch das eigentlich nicht mehr zu verantworten war, aber genau besehen kamen nur drei Nachmittage in Betracht, an denen wir gewartet hatten, da am Sonntag für den Mörder das Terrain zu unsicher gewesen sein mußte; da hatte Henzi recht, und so warteten wir denn auch am Montag. Dienstagmorgen reiste auch Henzi zurück. Irgend jemand mußte schließlich in der Kasernenstraße zum Rechten sehen. Doch war Henzi bei seiner Abreise immer noch von unserem Erfolg überzeugt. Wir warteten und warteten und warteten, lauerten und lauerten, jeder nun unabhängig von den andern, da wir ja doch zu wenige waren, um eine richtige Organisation aufzuziehen. Feller hatte sich in der Nähe des Waldweges hinter einem Gesträuch postiert, wo er im Schatten lag, vor sich hin döste in der sommerlichen Herbsthitze und einmal auch so heftig schnarchte, daß der Wind sein Schnarchen über die Lichtung hinwehte; es war dies am Mittwoch. Matthäi dagegen stand auf der Seite der Lichtung, die gegen die Tankstelle lag, und ich beobachtete den Schauplatz von der andern Seite, ihm gegenüber. So lauerten wir und lauerten, erwarteten den Mörder, den Igelriesen, zuckten bei jedem fahrenden Auto zusammen, das wir von der Landstraße her hörten, das Kind zwischen uns, das jeden Nachmittag in der Lichtung am kleinen Bach saß, singend ›Maria saß auf einem Stein‹, stur, versponnen, unbegreiflich; wir begannen es zu verabscheuen, zu hassen. Manchmal kam es natürlich lange nicht, trieb sich in der Nähe des Dorfes herum mit seiner Puppe, doch nicht in allzu großer Nähe, da es ja die Schule schwänzte, was auch nicht ohne Schwierigkeiten abgegangen war und ein Gespräch meinerseits unter vier Augen mit der Lehrerin notwendig gemacht hatte, um Recherchen seitens der Schule zu vermeiden. Ich tönte vorsichtig den Sachverhalt an, wies mich aus, erlangte eine zögernde Einwilligung. Das Kind umkreiste dann den Wald, wir verfolgten es mit Feldstechern, doch kehrte es immer wieder in die Waldlichtung zurück – außer am Donnerstag, wo es zu unserer Verzweiflung in der Nähe der Tankstelle blieb. So mußten wir, ob wir wollten oder nicht, auf Freitag hoffen. Nun hatte ich mich zu entscheiden; Matthäi war schon lange verstummt, stand hinter seinem Baum, als das Kind am andern Tage wieder gehüpft kam mit seinem roten Kleide und seiner Puppe, sich niedersetzte wie an den Vortagen. Herrliches Herbstwetter, das anhielt, immer noch stark, farbig, voll Nähe, ein Kraftstrotzen vor dem Verfall; aber der Staatsanwalt hielt es kaum eine halbe Stunde aus. Er war gegen fünf Uhr abends gekommen, im Wagen mit Henzi, erschien ganz unvermutet, tauchte einfach auf, trat zu mir, der ich schon seit ein Uhr mittags dastand, immer von einem Fuß auf den andern wechselnd, starrte zum Kinde hinüber, rot vor Zorn, ›Maria saß auf einem Stein‹, wehte das Stimmlein zu uns herüber; ich konnte das Lied schon längst nicht mehr hören und das Kind schon längst nicht mehr sehen, seinen gräßlichen Mund mit den Zahnlücken, die dünnen Zöpfe, das geschmacklose rote Kleidchen; das Mädchen schien mir nun widerlich, gemein, ordinär, dumm, ich hätte es erwürgen können, töten, zerreißen, nur um das blödsinnige ›Maria saß auf einem Stein‹ nicht mehr zu vernehmen. Es war zum Wahnsinnigwerden. Alles war da, wie es immer da war, stupid, sinnlos, trostlos, nur daß das Laub sich immer mächtiger häufte, die Windstöße sich vielleicht mehrten und die Sonne noch goldiger über dem idiotischen Abfallhaufen lag; es war nicht mehr zum Ertragen, und dann stampfte der Staatsanwalt auf einmal los, es war wie eine Befreiung, brach durch das Gestrüpp, schritt geradewegs zum Kinde, gleichgültig dagegen, daß er schuhtief in die Asche sank, und als wir ihn zum Kinde marschieren sahen, brachen auch wir hervor; nun mußte Schluß gemacht werden.

›Auf wen wartest du?‹ schrie der Staatsanwalt das Mädchen an, das ihn erschrocken auf seinem Steine anstarrte, die Puppe umklammernd.

›Auf wen wartest du, willst du antworten, du verdammtes Ding?‹

Und nun hatten wir das Mädchen alle erreicht, umringten es, und es starrte uns an voll Entsetzen, voll Grauen, voll Nichtbegreifen.

›Annemarie‹, sagte ich, und meine Stimme zitterte vor Zorn, ›du hast Schokolade bekommen vor einer Woche. Du wirst dich genau daran erinnern, Schokolade wie kleine Igel. Hat dir ein Mann in schwarzen Kleidern diese Schokolade gegeben?‹

Das Mädchen antwortete nicht, schaute mich nur an, Tränen in den Augen.

Nun kniete Matthäi vor dem Kinde nieder, umfaßte die kleinen Schultern. ›Sieh, Annemarie‹, erklärte er ihm, ›du mußt uns sagen, wer dir Schokolade gab. Du mußt uns genau erzählen, wie dieser Mann aussah. Ich kannte einmal ein Mädchen‹, fuhr er eindringlich fort, ging es doch jetzt um alles, ›ein Mädchen, auch so in einem roten Röcklein wie du, dem gab ein großer Mann in schwarzen Kleidern auch Schokolade. Die gleichen stachligen Kügelchen, wie du sie gegessen hast. Und dann ist das Mädchen mit dem großen Mann in den Wald gegangen, und dann hat der große Mann das Mädchen mit einem Messer getötet.‹

Er schwieg. Das Mädchen antwortete immer noch nichts, starrte ihn schweigend an, die Augen weit aufgerissen.

›Annemarie‹, schrie Matthäi, ›du mußt mir die Wahrheit sagen. Ich will doch nur, daß dir nichts Böses geschieht.‹

›Du lügst‹, antwortete das Mädchen leise. ›Du lügst.‹

Da verlor der Staatsanwalt zum zweitenmal die Geduld. ›Du dummes Ding‹, schrie er und packte das Kind am Arm, rüttelte es, ›willst du jetzt sagen, was du weißt!‹ Und wir schrien mit, sinnlos, weil wir einfach die Nerven verloren hatten, rüttelten das Mädchen ebenfalls, begannen auf das Kind einzuschlagen, verprügelten den kleinen Leib, der zwischen den Konservenbüchsen in Asche und rotem Laub lag, regelrecht, grausam, wütend, schreiend.

Das Mädchen ließ unser Toben stumm über sich ergehen, eine Ewigkeit lang, wenn auch alles sicher nur wenige Sekunden dauerte, schrie dann aber mit einem Male mit einer so unheimlichen und unmenschlichen Stimme auf, daß wir erstarrten. ›Du lügst, du lügst, du lügst!‹ Wir ließen es entsetzt fahren, durch sein Gebrüll wieder zur Vernunft gekommen und von Grauen und Scham über unser Vorgehen erfüllt.

›Wir sind Tiere, wir sind Tiere‹, keuchte ich.

Das Kind rannte über die Lichtung dem Waldrand entgegen. ›Du lügst, du lügst, du lügst‹, schrie es dabei aufs neue und so grauenhaft, daß wir dachten, es sei von Sinnen, doch lief es geradewegs der Heller in die Arme, die nun auch zu allem Unglück auf der Lichtung erschien. Die hatte uns noch gefehlt. Sie war über alles informiert; die Lehrerin hatte eben doch geschwatzt, als die Frau an der Schule vorbeigegangen war; ich wußte es, ohne daß ich zu fragen brauchte. Und nun stand diese Unglücksfrau da mit ihrem Kinde, das sich schluchzend an ihren Schoß preßte, und starrte uns mit dem gleichen Blick an wie vorhin die Tochter. Natürlich kannte sie jeden von uns, Feller, Henzi und leider auch den Staatsanwalt; die Situation war peinlich und grotesk, wir waren alle verlegen und kamen uns lächerlich vor; das Ganze war nichts weiter als eine lausige, hundserbärmliche Komödie. ›Lügt, lügt, lügt‹, schrie das Kind immer noch außer sich, ›lügt, lügt, lügt.‹ Da ging Matthäi auf die beiden zu, ergeben, unsicher.

›Frau Heller‹, sagte er höflich, ja demütig, was doch ganz unsinnig war, weil es jetzt nur eines gab, Schluß machen mit der ganzen Sache, Schluß, Schluß für immer, den Fall erledigen, endlich einmal loskommen von all den Kombinationen, mochte es den Mörder geben oder nicht. ›Frau Heller, ich habe festgestellt, daß Annemarie von einer unbekannten Person Schokolade bekam. Ich habe den Verdacht, daß es sich um die gleiche Person handeln muß, die vor einigen Wochen ein Mädchen mit Schokolade in einen Wald gelockt und getötet hat.‹

Er sprach exakt und in einem so amtlichen Ton, daß ich hätte laut herauslachen können. Die Frau sah ihm ruhig ins Gesicht. Dann sprach sie ebenso förmlich und höflich wie Matthäi. ›Herr Doktor Matthäi‹, fragte sie leise, ›haben Sie Annemarie und mich in Ihre Tankstelle genommen, nur um diese Person zu finden?‹

›Es gab keinen anderen Weg, Frau Heller‹, antwortete der Kommissär.

›Sie sind ein Schwein‹, antwortete die Frau ruhig, ohne eine Miene zu verziehen, nahm ihr Kind und ging in den Wald hinein, gegen die Tankstelle zu.«

»Wir standen da, auf der Lichtung, schon halb im Schatten, umgeben von den alten Konservenbüchsen und von Drahtgeschlinge, die Füße in Asche und Laub. Alles war vorüber, das ganze Unternehmen sinnlos, lächerlich geworden. Ein Debakel, eine Katastrophe. Nur Matthäi hatte sich gefaßt. Er war geradezu steif und würdig in seinem blauen Monteuranzug. Er verneigte sich, ich traute meinen Augen und Ohren nicht, knapp vor dem Staatsanwalt und sagte: ›Herr Doktor Burkhard, es geht jetzt nur darum, daß wir weiterwarten. Es gibt nichts anderes. Warten, warten und nochmals warten. Wenn Sie mir dazu weitere sechs Mann und das Funkgerät zur Verfügung stellen könnten, wäre das genügend.‹

Der Staatsanwalt musterte meinen ehemaligen Untergebenen erschrocken. Er hatte alles, nur nicht dies erwartet. Er war eben noch entschlossen gewesen, uns allen seine Meinung zu sagen; nun schluckte er ein paarmal leer, fuhr sich mit der Hand über die Stirne, kehrte dann auf einmal um und stampfte mit Henzi durchs Laub dem Walde entgegen, verschwand. Auf ein Zeichen von mir ging auch Feller.

Matthäi und ich waren allein.

›Hören Sie mir jetzt einmal zu‹, schrie ich, entschlossen, den Mann endlich zur Vernunft zu bringen, wütend, daß ich selbst den Unsinn unterstützt und ermöglicht hatte, ›die Aktion ist gescheitert, das müssen wir zugeben, wir haben jetzt mehr als eine Woche gewartet, und niemand ist gekommen.‹

Matthäi antwortete nichts. Er schaute sich nur um, aufmerksam, spähend. Dann ging er zum Waldrand, umschritt die Lichtung, kam wieder zurück. Ich stand immer noch auf dem Abfallhaufen, knöcheltief in alter Asche.

›Das Kind hat auf ihn gewartet‹, meinte er.

Ich schüttelte den Kopf, widersprach. ›Das Kind kam hierher, um allein zu sein, um am Bach zu sitzen, zu träumen mit seiner Puppe und ‚Maria saß auf einem Stein‘ zu singen. Daß es auf jemand gewartet haben soll, ist eine Auslegung, die wir dem Vorfall gegeben haben.‹

Matthäi hörte mir aufmerksam zu.

›Annemarie hat die Igel bekommen‹, sagte er hartnäckig, immer noch überzeugt.

›Annemarie bekam Schokolade von jemandem‹, sagte ich, ›das stimmt. Wer kann einem Kinde nicht Schokolade schenken! Daß die Trüffeln aber die Igel auf der Kinderzeichnung seien, auch das ist nur Ihre Auslegung, Matthäi, und nichts beweist, daß es auch in der Wirklichkeit so ist.‹

Matthäi antwortete wieder nichts. Er begab sich aufs neue zum Waldrande, umschritt die Lichtung noch einmal, suchte an einer Stelle, wo sich das Laub angehäuft hatte, irgend etwas, gab es dann auf, kehrte zu mir zurück.

›Das ist ein Mordort‹, sagte er, ›das spürt man, ich werde weiterwarten.‹

›Das ist doch Unsinn‹, antwortete ich, auf einmal von Grauen erfüllt, voll Ekel, fröstelnd, müde.

›Er wird hierher kommen‹, sagte Matthäi.

Ich schrie ihn an, außer mir: ›Quatsch, Blödsinn, Idioterei!‹

Er schien gar nicht hinzuhören. ›Gehen wir zur Tankstelle zurück‹, sagte er.

Ich war froh, den verwünschten Unglücksplatz endlich verlassen zu können. Die Sonne stand nun tief, die Schatten waren riesenlang, das weite Tal glühte in kräftigem Gold, der Himmel darüber von einem reinen Blau; doch war mir alles verhaßt, ich kam mir vor wie in eine unermeßliche Kitschpostkarte verbannt. Dann tauchte die Kantonsstraße auf, die rollenden Automobile, offene Wagen mit Menschen in bunten Kleidern; Reichtum, der dahergeschwemmt kam, vorüberbrauste. Es war absurd. Wir erreichten die Tankstelle. Neben den Benzinsäulen wartete Feller in meinem Wagen, schon wieder halb eingedöst. Auf der Schaukel saß die Annemarie, sang blechern wieder vor sich hin, wenn auch verheult, ›Maria saß auf einem Stein‹, und am Türpfosten lehnte ein Bursche, wahrscheinlich ein Arbeiter der Ziegelfabrik, mit offenem Hemd und behaarter Brust, eine Zigarette im Mund, grinste. Matthäi achtete nicht auf ihn. Er ging in die kleine Stube, zum Tisch, wo wir schon gesessen hatten; ich trottete ihm nach. Er stellte Schnaps auf, schenkte sich immer wieder ein. Ich konnte nichts trinken, so angewidert war ich von allem. Die Heller war nicht zu sehen.

›Es wird schwierig sein, was ich zu tun habe‹, meinte er, ›aber die Lichtung ist ja nicht weit, oder glauben Sie, daß ich besser hier warte, bei der Tankstelle?‹

Ich antwortete nichts. Matthäi ging hin und her, trank, kümmerte sich nicht um mein Schweigen.

›Nur dumm, daß die Heller und Annemarie es nun wissen‹, sagte er, ›aber das wird sich einrenken lassen.‹

Draußen der Lärm der Straße, das plärrende Kind, ›Maria saß auf einem Stein‹.

›Ich gehe nun, Matthäi‹, sagte ich.

Er trank weiter, schaute mich nicht einmal an.

›Ich werde teils hier, teils bei der Lichtung warten‹, entschied er.

›Leben Sie wohl‹, sagte ich, verließ den Raum, trat ins Freie, am Burschen, am Mädchen vorbei, winkte Feller zu, der von seiner Döserei aufschrak, herangefahren kam und mir die Wagentüre öffnete.

›In die Kasernenstraße‹, befahl ich.«

»Dies die Geschichte, soweit mein armer Matthäi darin wesentlich vorkommt«, fuhr der ehemalige Kommandant der Kantonspolizei in seiner Erzählung fort. (Hier ist nun wohl der Ort, einerseits zu erwähnen, daß der Alte und ich natürlich schon längst unsere Fahrt Chur-Zürich beendet hatten und nun in der in seinem Bericht öfters erwähnten und gelobten ›Kronenhalle‹ saßen, selbstverständlich von Emma bedient und unter dem Bilde von Gubler – das jenes von Miró abgelöst hatte –, wie dies alles nun einmal der Gewohnheit des Alten entsprach; des weiteren, daß wir im übrigen schon gegessen hatten – ab Voiture, Bollito milanese; auch dies war bekannterweise eine seiner Traditionen, warum da nicht mitmachen –, ja, es ging nun schon gegen vier, und nach dem ›Kaffee Partagas‹, wie der Kommandant seine Passion nannte, zum Espresso eine Havanna zu rauchen, offerierte er mir zum folgenden Réserve du Patron noch eine zweite Charlotte. Anderseits aber wäre noch beizufügen, rein technisch, der schriftstellerischen Ehrlichkeit und dem Metier zuliebe, daß ich die Erzählung des redegewaltigen Alten natürlich nicht immer so wiedergegeben habe, wie sie mir berichtet wurde, wobei ich nicht etwa an den Umstand denke, daß wir natürlich Schweizerdeutsch sprachen, sondern an jene Teile seiner Geschichte, die er nicht von seinem Standpunkte aus, von seinem Erlebnis her, sondern gleichsam objektiv als Handlung an sich erzählte, wie etwa bei der Szene, in der Matthäi sein Versprechen ablegt. Bei solchen Stellen war einzugreifen, zu formen, neu zu formen, wenn ich mir auch die größte Mühe gab, die Vorkommnisse nicht zu verfälschen, sondern nur das Material, das mir der Alte lieferte, nach bestimmten Gesetzen der Schriftstellerei zu bearbeiten, druckfertig zu machen.)

»Natürlich«, führte er des weiteren aus, »kehrte ich noch einige Male zu Matthäi zurück, immer mehr überzeugt, daß er mit seinem Verdacht, der Hausierer sei unschuldig gewesen, unrecht gehabt hatte, weil sich auch in den folgenden Monaten, Jahren kein neuer Mord ereignete. Nun, ich brauche nicht ausführlicher zu werden; der Mann verkam, versoff, verblödete; es gab weder etwas zu helfen noch etwas zu ändern; die Burschen schlichen und pfiffen in den Nächten nicht mehr vergeblich um die Tankstelle herum; es ging böse zu, die Bündner Polizei machte einige Razzien. Ich mußte meinen Kollegen in Chur reinen Wein einschenken, worauf sie ein Auge zudrückten oder beide. Vernünftiger als bei uns sind sie dort immer gewesen. So nahm denn eben alles seinen Lauf ins Fatale, und das Resultat haben Sie ja auf unserer Fahrt selbst gesehen. Es ist traurig genug, besonders weil die Kleine, die Annemarie, auch nicht besser wurde. Vielleicht nur deshalb, weil sich gleich verschiedene Organisationen zu ihrer Rettung in Bewegung setzten. Das Kind wurde versorgt, lief aber immer wieder davon und zur Tankstelle zurück, in welcher die Heller vor zwei Jahren die schäbige Schenke einrichtete; weiß der Teufel, wie sie sich die Bewilligung erschlich, jedenfalls gab dies der Kleinen den Rest. Sie machte mit. In jeder Beziehung. Vor vier Monaten hat sie gerade ein Jahr Hindelbank hinter sich gebracht, um es offen zu sagen; aber eine Lehre hat das Mädchen nicht daraus gezogen. Sie haben es ja konstatieren können, schweigen wir davon. Doch Sie werden sich nun schon längst gefragt haben, was denn meine Geschichte mit der Kritik zu tun hat, die ich an Ihrem Vortrag anbrachte, und weshalb ich denn Matthäi ein Genie nannte. Begreiflicherweise. Sie werden einwenden, ein ausgefallener Einfall müsse ja noch lange nicht richtig oder gar ein genialer Einfall sein. Auch das stimmt. Ich kann mir sogar vorstellen, was Sie sich nun in Ihrem Schriftstellerhirn ausdenken. Man brauche nur, werden Sie sich listigerweise sagen, Matthäi recht bekommen und den Mörder fangen zu lassen, und schon ergebe sich der schönste Roman oder Filmstoff, die Aufgabe der Schriftstellerei bestehe schließlich darin, die Dinge durch einen bestimmten Dreh durchsichtig zu machen, damit die höhere Idee hinter ihnen durchschimmere, ahnbar werde, ja, durch einen solchen Dreh, durch den Erfolg Matthäis eben, werde mein verkommener Detektiv nicht nur interessant, sondern auch geradezu eine biblische Gestalt, eine Art moderner Abraham an Hoffnung und Glaube, und aus der sinnlosen Geschichte, daß nämlich einer, weil er an die Unschuld eines Schuldigen glaube, einem Mörder nachforsche, den es gar nicht gebe, werde eine sinnvolle; der schuldige Hausierer werde nun eben im Reiche hoher Dichtung unschuldig, der nicht existierende Mörder existent, und aus einem Geschehnis, welches dahin tendiere, die menschliche Glaubenskraft und die menschliche Vernunft zu verspotten, werde nun eines, das diese Kräfte vielmehr verherrliche; ob sich die Tatsachen auch so verhalten hätten, sei gleichgültig, die Hauptsache sei schließlich, daß diese Fassung des Geschehens ebenfalls möglich scheine. So stelle ich mir Ihren Gedankengang ungefähr vor, und ich kann geradezu voraussagen, daß diese Variante meiner Geschichte so erhebend ist und positiv, daß sie demnächst einfach erscheinen muß, sei es nun als Roman oder als Film. Alles werden Sie im großen und ganzen erzählen, wie ich es versucht habe, nur besser selbstverständlich. Sie sind schließlich ein Mann von der Branche, und nur am Schlusse kommt dann eben wirklich der Mörder, erfüllt sich die Hoffnung, triumphiert der Glaube, womit die Erzählung für die christliche Welt doch noch annehmbar wird. Dazu sind noch weitere Milderungen denkbar. Ich schlage etwa vor, daß es für Matthäi, kaum hat er die Trüffeln entdeckt, in Erkenntnis der Gefahr, in der Annemarie schwebt, unmöglich wird, den Plan, das Kind als Köder zu benützen, weiterzuverfolgen, sei es aus reifer Menschlichkeit oder aus väterlicher Liebe zum Kinde, worauf er Annemarie mit seiner Mutter in Sicherheit bringen könnte und an das Bächlein eine große Puppe setzen würde. Gewaltig und feierlich käme dann der Mörder aus dem Walde auf das vermeintliche Kind zugeschritten, in der Abendsonne, Annemaries Zauberer, voll Lust, endlich wieder einmal mit dem Rasiermesser hantieren zu können; die Erkenntnis, daß er in eine teuflische Falle geraten, brächte ihn zur Raserei, zum Wahnsinnsausbruch, Kampf mit Matthäi und Polizei und dann vielleicht am Schluß – Sie müssen mir meine Dichterei schon verzeihen – ein ergreifendes Gespräch des verletzten Kommissärs mit dem Kinde, nicht lang, nur einige halbe Sätze, warum nicht, das Mädchen wäre einfach seiner Mutter entwichen, um den geliebten Zauberer zu treffen, seinem unerhörten Glück entgegenzueilen, und so wäre sogar noch ein Lichtblick voll sanfter Humanität und entsagungsvoller märchenhafter Poesie möglich nach all den Greueln; oder aber, was wahrscheinlicher ist, Sie werden etwas ganz anderes fabrizieren; ich kenne Sie ja nun ein wenig, wenn auch, Hand aufs Herz, mir Max Frisch näher liegt; gerade die Sinnlosigkeit wird Sie reizen, die Tatsache, daß da einer an die Unschuld eines Schuldigen glaubt und nun einen Mörder sucht, den es nicht geben kann, wie wir die Situation treffend genug definiert haben: Aber nun werden Sie grausamer als die Realität; aus reinem Plaisir und um uns von der Polizei vollends ins Lächerliche zu ziehen: Matthäi würde nun tatsächlich einen Mörder finden, irgendeinen Ihrer komischen Heiligen, einen herzensguten Sektenprediger etwa, der natürlich in Wirklichkeit unschuldig und zum Bösen einfach unfähig wäre und gerade deshalb durch einen Ihrer boshaften Einfälle alle Verdachtsmomente auf sich ziehen würde. Diesen reinen Toren würde Matthäi umbringen, alle Beweise würden stimmen, worauf der glückliche Detektiv als Genie gepriesen und gefeiert wieder bei uns aufgenommen würde. Auch das ist denkbar. Sie sehen, ich bin Ihnen auf die Schliche gekommen. Doch werden Sie nun all mein Gerede nicht nur dem Réserve du Patron zuschreiben – wir sind beim zweiten Liter, zugegeben – sondern wohl auch spüren, daß ich noch das Ende der Geschichte zu erzählen habe, wenn auch widerwillig, denn daß diese Geschichte eben leider noch eine Pointe aufweist, brauche ich Ihnen nicht zu verheimlichen, und daß dies eine reichlich schäbige Pointe ist, werden Sie ahnen, so schäbig, daß sie einfach nicht zu verwenden ist, in keinem anständigen Roman oder Film. Sie ist so lächerlich, stupid und trivial, daß sie kurzerhand übergangen werden müßte, wollte man die Geschichte zu Papier bringen. Dabei ist ehrlicherweise zuzugeben, daß diese Pointe vorerst durchaus für Matthäi spricht, ihn ins richtige Licht rückt, ihn zu einem Genie werden läßt, zu einem Menschen, der die uns verborgenen Faktoren der Wirklichkeit so weit erahnte, daß er die Hypothesen und Annahmen durchstieß, von denen wir umstellt sind, und in die Nähe jener Gesetze drang, an die wir sonst nie herankommen, welche die Welt in Schwung halten. In die Nähe freilich nur. Denn gerade dadurch, daß es nun eben diese grausige Pointe leider Gottes gibt, als das Unvorauszuberechnende, als das Zufällige, wenn Sie wollen, werden seine Genialität, sein Planen und Handeln nachträglich um so schmerzlicher ad absurdum geführt, als dies vorher der Fall war, da er nach der Meinung der Kasernenstraße irrte: Nichts ist grausamer als ein Genie, das über etwas Idiotisches stolpert. Doch hängt bei einem solchen Vorkommnis alles davon ab, wie sich nun das Genie zu dem Lächerlichen stellt, über das es fiel, ob es dieses hinnehmen kann oder nicht. Matthäi konnte es nicht akzeptieren. Er wollte, daß seine Rechnung auch in der Wirklichkeit aufgehe. Er mußte daher die Wirklichkeit verleugnen und im Leeren münden. So endet denn meine Erzählung auf eine besonders triste Weise, es ist eigentlich geradezu die banalste aller möglichen ›Lösungen‹ eingetreten. Nun, das gibt es eben bisweilen. Das Schlimmste trifft *auch* manchmal zu. Wir sind Männer, haben damit zu rechnen, uns dagegen zu wappnen und uns vor allem klar darüber zu werden, daß wir am Absurden, welches sich notwendigerweise immer deutlicher und mächtiger zeigt, nur dann nicht scheitern und uns einigermaßen wohnlich auf dieser Erde einrichten werden, wenn wir es demütig in unser Denken einkalkulieren. Unser Verstand erhellt die Welt nur notdürftig. In der Zwielichtzone seiner Grenze siedelt sich alles Paradoxe an. Hüten wir uns davor, diese Gespenster ›an sich‹ zu nehmen, als ob sie außerhalb des menschlichen Geistes angesiedelt wären, oder, noch schlimmer: Begehen wir nicht den Irrtum, sie als einen vermeidbaren Fehler zu betrachten, der uns verführen könnte, die Welt in einer Art trotziger Moral hinzurichten, unternähmen wir den Versuch, ein fehlerloses Vernunftgebilde durchzusetzen, denn gerade seine fehlerlose Vollkommenheit wäre seine tödliche Lüge und ein Zeichen der schrecklichsten Blindheit. Doch mir verzeihen Sie, daß ich diesen Kommentar mitten in meine schöne Geschichte setze, denkerisch nicht stubenrein, ich weiß, doch müssen Sie es einem alten Manne wie mir schon gönnen, sich Gedanken über das zu machen, was er erlebte, mögen diese Gedanken noch so unfertig sein, aber auch wenn ich von der Polizei herkomme, ich bemühe mich schließlich doch, ein Mensch zu sein und kein Ochse.«

»Nun, es war voriges Jahr und natürlich wieder an einem Sonntag, als ich auf den Anruf eines katholischen Geistlichen hin einen Besuch im Kantonsspital zu machen hatte. Ich stand kurz vor meiner Pensionierung, in den letzten Tagen meiner Amtstätigkeit, eigentlich war schon mein Nachfolger in Betrieb, nicht Henzi, der es zum Glück nicht schaffte, trotz seiner Hottinger, sondern ein Mann von Format und Genauigkeit, begabt mit einer zivilen Menschlichkeit, die dem Posten nur wohltun konnte. Der Anruf hatte mich in meiner Wohnung erreicht. Ich kam der Aufforderung nur nach, weil es sich um etwas Wichtiges handeln sollte, das mir eine Sterbende mitzuteilen wünschte, was ja hin und wieder vorkommt. Es war ein sonniger, aber kalter Dezembertag. Alles kahl, wehmütig, melancholisch. Unsere Stadt kann in solchen Momenten zum Heulen sein. Eine Sterbende zu sehen war deshalb eine doppelte Zumutung. Ich ging daher auch einige Male ziemlich trübsinnig um Aeschbachers Harfe im Park herum, spazierte aber schließlich doch ins Gebäude. Frau Schrott, medizinische Klinik, Privatabteilung. Das Krankenzimmer ging gegen den Park. Es war voller Blumen, Rosen, Gladiolen. Die Vorhänge waren halb gezogen. Schräge Sonnenstrahlen fielen auf den Fußboden. Am Fenster saß ein gewaltiger Priester mit einem derben roten Gesicht und einem grauen ungepflegten Bart, und im Bett lag ein Frauchen, alt, fein verrunzelt, die Haare dünn und schlohweiß, ungemein sanft, offenbar schwerreich, nach dem Aufwand zu schließen. Neben dem Bett stand ein komplizierter Apparat, irgendeine medizinische Apparatur, zu der verschiedene Schläuche führten, die unter der Bettdecke hervorkamen. Die Maschine mußte immer wieder von einer Krankenschwester kontrolliert werden. Die Schwester betrat in regelmäßigen Abständen das Krankenzimmer, schweigend und aufmerksam, wodurch das Gespräch in fast gleichmäßigen Intervallen unterbrochen wurde – um diesen Umstand gleich zu Beginn anzuführen.

Ich grüßte. Die alte Dame schaute mich aufmerksam und äußerst ruhig an. Ihr Gesicht war wächsern, unwirklich, doch noch merkwürdig lebhaft. In den gelblichen verrunzelten Händen hielt sie zwar ein kleines schwarzes Büchlein mit Goldschnitt, offensichtlich ein Gebetbuch, doch war es kaum glaublich, daß diese Frau bald sterben mußte, so vital, so ungebrochen schien die Kraft, die von ihr ausging, trotz aller Schläuche, die unter ihrer Bettdecke hervorkrochen. Der Pfarrer blieb sitzen. Er wies mit einer ebenso majestätischen wie unbeholfenen Handbewegung auf einen Stuhl neben dem Bett.

›Setzen Sie sich‹, forderte er mich auf, und als ich Platz genommen hatte, kam seine tiefe Stimme aufs neue vom Fenster her, vor dem er sich als mächtige Silhouette auftürmte. ›Erzählen Sie dem Herrn Kommandanten, was Sie zu berichten haben, Frau Schrott. Um elf müssen wir dann die Letzte Ölung vornehmen.‹

Frau Schrott lächelte. Es tue ihr leid, daß sie mir Ungelegenheiten bereite, äußerte sie charmant, und ihre Stimme war zwar leise, aber noch äußerst deutlich, ja geradezu munter.

Ich log, das mache mir nichts aus, nun überzeugt, das alte Mütterchen werde mir irgendeine Stiftung für notleidende Polizisten oder etwas Ähnliches ankündigen.

Es sei eine an sich unwichtige und harmlose Geschichte, die sie mir zu berichten habe, fuhr die Alte fort, eine Begebenheit, die sich wahrscheinlich in allen Familien ein oder mehrere Male ereigne, und deshalb sei sie ihr auch aus dem Sinn gekommen, doch jetzt, wie es nun eben sein müsse, weil die Ewigkeit heranrücke, sei sie während ihrer Generalbeichte darauf zu reden gekommen, rein zufällig, weil gerade vorher eine Enkelin ihres einzigen Patenkindes gekommen sei mit Blumen und dabei ein rotes Röcklein getragen habe, und Pfarrer Beck sei ganz aufgeregt geworden und habe gemeint, sie solle die Geschichte mir erzählen, sie wisse wirklich nicht, warum, es sei ja alles vorbei, aber wenn Hochwürden meine ...

›Erzählen Sie, Frau Schrott‹, kam die tiefe Stimme vom Fenster her, ›erzählen Sie.‹ Und in der Stadt begannen die Kirchenglocken die Predigt auszuläuten, es tönte dumpf und fern. Nun, sie wolle es versuchen, nahm die Greisin einen neuen Anlauf, begann zu plappern. Sie habe schon lange keine Geschichten mehr erzählt, nur dem Emil, ihrem Sohne von ihrem ersten Mann, aber dann sei der Emil ja gestorben an der Auszehrung, es sei nichts mehr zu machen gewesen. Er wäre nun so alt wie ich, oder besser wie der Herr Pfarrer Beck; aber sie wolle sich nun vorstellen, ich sei ihr Sohn und der Herr Pfarrer Beck auch, denn gleich nach dem Emil habe sie den Markus geboren, doch der sei nach drei Tagen gestorben, Frühgeburt, schon nach sechs Monaten sei er zur Welt gekommen, und Doktor Hobler habe gemeint, dies sei am besten für das arme Ding gewesen. Und so ging das konfuse Gerede eine Weile weiter.

›Erzählen Sie, Frau Schrott, erzählen Sie‹, mahnte der Pfarrer mit seinem Baß, unbeweglich vor dem Fenster sitzend, nur hin und wieder mit der Rechten wie ein Moses durch seinen wilden grauen Bart streichend, auch in lauen Wellen einen deutlichen Knoblauchgeruch verbreitend. ›Wir müssen bald zur Letzten Ölung schreiten!‹

Nun wurde sie auf einmal stolz und geradezu aristokratisch, richtete ihr Köpflein sogar ein wenig auf, und ihre Äuglein blitzten. Sie sei eine Stänzli, sagte sie, ihr Großvater sei Oberst Stänzli gewesen, der im Sonderbundskrieg den Rückzug auf Escholzmatt durchgeführt habe, und ihre Schwester habe den Oberst Stüssi geheiratet, den Zürcher Generalstäbler im Ersten Weltkrieg, welcher der Duzfreund General Ulrich Willes gewesen sei und den Kaiser Wilhelm persönlich gekannt habe, das werde ich wohl noch wissen.

›Natürlich‹, antwortete ich gelangweilt, ›selbstverständlich.‹ Was ging mich der alte Wille an und der Kaiser Wilhelm, dachte ich, rück nun heraus mit deiner Stiftung, Alte. Wenn man nur rauchen könnte, eine kleine Suerdieck wäre nun das richtige, etwas Urwaldluft in diese Spitalatmosphäre und in diesen Knoblauchduft hineinzublasen. Und der Pfarrer orgelte hartnäckig, unermüdlich: ›Erzählen, Frau Schrott, erzählen.‹

Ich müsse wissen, fuhr die alte Dame fort, und ihr Gesicht hatte nun einen seltsam verbissenen, ja geradezu haßerfüllten Ausdruck angenommen, ihre Schwester mit ihrem Oberst Stüßi sei an allem schuld gewesen. Ihre Schwester sei zehn Jahre älter als sie, jetzt neunundneunzig und schon bald vierzig Jahre Witwe, Villa auf dem Zürichberg, Aktien bei Brown-Boveri, in der halben Bahnhofstraße habe sie ihre Hände; und dann brach auf einmal ein trüber Strom, oder besser, eine unflätige Kaskade von Schimpfwörtern aus dem Munde des sterbenden Mütterchens, die ich gar nicht wiederzugeben wage. Gleichzeitig richtete sich die Alte ein wenig auf, und ihr kleiner Greisenkopf mit den schlohweißen Haaren wackelte lebenslustig hin und her, wie irrsinnig vor Freude und Lust über ihren Wutausbruch. Dann aber beruhigte sie sich wieder, weil nun zum Glück die Krankenschwester kam, nana, Frau Schrott, regen Sie sich nicht auf, schön ruhig bleiben. Die Greisin gehorchte, machte eine schwache Handbewegung, als wir wieder allein waren. All die Blumen, sagte sie, schicke ihre Schwester nur, um sie zu ärgern, ihre Schwester wisse genau, daß sie Blumen nicht möge, sie hasse unnütze Geldausgaben; aber Streit hätten sie nie gehabt, wie ich wohl jetzt dächte, sie seien immer nett und lieb zueinander gewesen, aus lauter Boshaftigkeit natürlich; alle Stänzlis hätten diesen höflichen Zug, wenn sie sich untereinander auch nie leiden könnten, und ihre Höflichkeit sei nur die Methode, mit der sie sich gegenseitig quälten und bis aufs Blut folterten, zum Glück, sonst wäre die Hölle los gewesen, wenn sie keine so disziplinierte Familie gewesen wären.

›Erzählen, Frau Schrott‹, mahnte zur Abwechslung der Priester wieder einmal, ›die Letzte Ölung wartet.‹ Und ich wünschte nun schon statt der kleinen Suerdieck eine meiner großen Bahianos herbei.

Sie habe Anno fünfundneunzig den lieben seligen Galuser geheiratet, plätscherte der Redestrom endlos weiter, einen Doktor med. in Chur. Schon das sei der Schwester mit ihrem Oberst nicht recht gewesen und nicht nobel genug, das habe sie genau gespürt, und als der Oberst an der Grippe gestorben sei, gleich nach dem Ersten Weltkrieg, sei die Schwester immer unausstehlicher geworden und habe mit ihrem Militaristen einen wahren Kult getrieben.

›Erzählen, Frau Schrott, erzählen Sie‹, ließ der Priester nicht locker, aber in keiner Weise ungeduldig, höchstens daß eine leise Trauer über so viel Verwirrung fühlbar war, während ich vor mich hindämmerte und manchmal wie aus einem Schlummer hochschrak, ›denken Sie an die Letzte Ölung, erzählen, erzählen.‹

Es war nichts zu machen, das Weiblein plapperte weiter auf seinem Totenbett, unermüdlich, redegewaltig, trotz seiner piepsenden Stimme und den Schläuchen unter der Bettdecke, kam vom Hundertsten ins Tausendste. Ich erwartete vage, soweit ich überhaupt noch denken konnte, eine nichtssagende Geschichte von einem hilfsbereiten Polizisten, dann die Ankündigung der Stiftung von einigen tausend Franken, um die neunundneunzigjährige Schwester zu ärgern, bereitete meinen warmen Dank vor und sehnte mich, meine unrealistischen Raucherwünsche entschlossen unterdrückend, um nicht ganz und gar zu verzweifeln, nach dem gewohnten Aperitif und dem traditionellen Sonntagsessen in der ›Kronenhalle‹ mit meiner Frau und meiner Tochter. Dann habe sie, plauderte die Greisin unterdessen ungefähr weiter, eben nach dem Tode ihres Mannes, des seligen Galuser, den nun auch seligen Schrott geheiratet, der bei ihnen so etwas wie ein Chauffeur und Gärtner gewesen sei, überhaupt alle Arbeiten erledigt habe, die in einem großen alten Hause am besten von Männern erledigt würden, wie heizen, Fensterläden reparieren und so weiter, und wenn ihre Schwester auch nichts dazu bemerkt habe, ja sogar zur Hochzeit nach Chur gekommen sei, geärgert habe sie sich über diese Heirat, das wisse sie bestimmt, wenn die Schwester auch wieder, um sie eben zu ärgern, nichts habe merken lassen. Und so sei sie denn Frau Schrott geworden.

Sie seufzte. Draußen, irgendwo im Korridor, sangen die Krankenschwestern. Adventslieder. ›Nun, es war eine recht harmonische Ehe mit dem lieben Seligen‹, fuhr das Mütterchen fort, nachdem es dem Gesang einige Takte lang zugehört hatte, ›wenn es auch für ihn vielleicht schwieriger war, als ich dies mir so vorstellen kann. Albertchen selig war dreiundzwanzig, als wir heirateten – war er doch gerade um neunzehnhundert geboren – und ich schon fünfundfünfzig. Aber es war sicher das beste für ihn, er war ja eine Waise; die Mutter war, ich will gar nicht sagen, was gewesen, und den Vater hat niemand gekannt, nicht einmal den Namen. Mein erster Mann hat ihn seinerzeit als Sechzehnjährigen aufgenommen, in der Schule haperte es mehr als nötig, er hatte es immer schwer mit Schreiben und Lesen. Die Heirat war einfach die sauberste Lösung, man kommt ja so leicht ins Gerede als Witwe, wenn ich auch nie etwas mit Albertchen selig hatte, auch in der Ehe nicht, das versteht sich ja bei dem Altersunterschied; aber mein Vermögen war knapp, ich mußte haushalten, um mit den Zinsen meiner Häuser in Zürich und Chur durchzukommen; aber was wollte Albertchen selig mit seinen beschränkten Geistesmitteln im harten Lebenskampf draußen. Er wäre verloren gewesen, und man ist als Christ verpflichtet. So lebten wir eben in Ehren zusammen; er hantierte im Haus und im Garten herum, ein stattlicher Mann, muß ich rühmen, groß und fest, immer würdig und feierlich gekleidet; ich brauchte mich seiner nicht zu schämen, wenn er auch fast nichts redete, außer etwa ‚Jawohl, Mutti, selbstverständlich, Mutti', aber folgsam war er und mäßig im Trinken, nur essen tat er gern, besonders Nudeln, überhaupt alle Teigwaren, und Schokolade. Die war seine Leidenschaft. Aber sonst war er ein braver Mann und ist es sein Leben lang auch geblieben, bei weitem netter und gehorsamer als der Chauffeur, den meine Schwester vier Jahre später geheiratet hat, trotz ihrem Oberst, und der auch erst dreißig war.‹

›Erzählen, Frau Schrott‹, wehte die Stimme des Priesters in gleichgültiger Unerbittlichkeit vom Fenster her, als das Mütterchen nun eine Zeitlang schwieg, wohl doch etwas erschöpft, während ich immer noch treuherzig der Stiftung für arme Polizisten harrte.

Frau Schrott nickte. ›Sehen Sie, Herr Kommandant‹, erzählte sie, ›doch in den vierziger Jahren ging es mit Albertchen selig allmählich bergab, ich weiß nicht recht, was ihm eigentlich fehlte, aber es muß etwas in seinem Kopf schadhaft geworden sein; er wurde immer stumpfer und stiller, stierte vor sich hin und redete oft tagelang nichts, tat nur seine Arbeit, wie es sich gehörte, so daß ich nicht ausdrücklich schimpfen mußte, doch fuhr er stundenlang mit seinem Velo herum, vielleicht, daß ihn der Krieg verwirrte oder der Umstand, daß sie ihn nicht ins Militär genommen hatten; was weiß unsereiner, was so in einem Manne vor sich geht! Dazu wurde er immer gefräßiger; zum Glück hatten wir unsere Hühner und unsere Kaninchenzucht. Und da hat sich denn mit Albertchen selig das zugetragen, was ihn Ihnen erzählen soll, das erstemal gegen Ende des Krieges.‹

Sie schwieg, weil wieder einmal die Schwester und ein Arzt das Krankenzimmer betreten hatten, die sich teils hinter die Apparaturen, teils hinter das Mütterchen machten. Der Mediziner war ein Deutscher, blond, wie aus dem Bilderbuch, fröhlich, forsch, auf seiner Routinetour als

Arzt vom Sonntagsdienst, wie geht's, Frau Schrott, immer tapfer, haben ja ausgezeichnete Resultate, staune, staune, nur nicht schlapp machen; dann wandelte er von dannen, die Schwester folgte ihm, und der Priester mahnte: ›Erzählen, Frau Schrott, erzählen, um elf Letzte Ölung‹, eine Aussicht, die das Weiblein nicht im geringsten zu beunruhigen schien.

›Er hatte jede Woche Eier nach Zürich zu meiner Militaristenschwester zu bringen‹, begann die Greisin vielmehr von neuem, ›der arme Albertchen selig, er band dann das Körbchen hinten aufs Velo und kam gegen Abend zurück, weil er schon früh aufbrach, gegen sechs oder fünf, immer feierlich schwarz gekleidet mit einem runden Hut. Alle grüßten freundlich, wenn er durch Chur pedalte und dann zum Städtchen hinaus, vor sich hin pfeifend, sein Lieblingslied, ‚Ich bin ein Schweizerknabe und hab die Heimat lieb.' Es war diesmal ein heißer Tag im Hochsommer, zwei Tage nach der Bundesfeier, und es wurde denn auch über Mitternacht, bis er nach Hause kam. Ich hörte ihn lange hantieren und sich waschen im Badezimmer, ging hinüber, sah, daß alles voll Blut war beim Albertchen selig, auch die Kleider. ‚Mein Gott, Albertchen', fragte ich, ‚was ist dir denn zugestoßen?' Er glotzte nur, sagte dann, ‚Unfall, Mutti, wird schon gehen, geh schlafen, Mutti', und so ging ich schlafen, wenn ich auch verwundert war, weil ich gar keine Wunden gesehen hatte. Aber am Morgen, als wir am Tische saßen und er seine Eier aß, immer vier auf einmal, und seine Brotschnitten mit Marmelade, las ich in der Zeitung, daß man im Sankt Gallischen ein kleines Mädchen ermordet habe, wahrscheinlich mit einem Rasiermesser, und da kam mir in den Sinn, daß er ja gestern nacht im Badezimmer auch sein Rasiermesser gereinigt hatte, obschon er sich doch immer am Morgen rasierte, und da ging es mir auf einmal auf, wie eine Erleuchtung, und ich wurde ganz ernst mit dem Albertchen selig und sagte, ‚Albertchen, nicht wahr, du hast das Mädchen getötet im Kanton Sankt Gallen.‘ Da hörte er auf mit Eier Essen und Marmeladeschnitten und Salzgurken und sagte, ‚Jawohl, Mutti, es mußte sein, es war eine Stimme vom Himmel‘, und dann aß er weiter. Ich war ganz verwirrt, daß er so krank war; das Mädchen tat mir leid, ich habe auch daran gedacht, den Doktor Sichler anzurufen, nicht den alten, sondern seinen Sohn, der auch sehr tüchtig ist und sehr mitfühlend; aber dann dachte ich an meine Schwester, die hätte ja frohlockt, ihr schönster Tag wäre es geworden, und so bin ich eben ganz streng und entschlossen mit Albertchen selig gewesen und sagte ausdrücklich: ‚Das darf nie, nie, nie mehr vorkommen‘, und er sagte, ‚Jawohl, Mutti.‘ ‚Wie ist es denn gekommen‘, fragte ich. ‚Mutti‘, sagte er, ‚ich habe immer ein Mädchen getroffen mit einem roten Röcklein und blonden Zöpfen, wenn ich über Wattwil nach Zürich gefahren bin, ein großer Umweg, aber seit ich das Mädchen kennengelernt habe, nahe bei einem Wäldchen, habe ich den Umweg immer machen müssen, die Stimme vom Himmel, Mutti, und die Stimme hat mir befohlen, mit dem Kind zu spielen, und dann hat die Stimme vom Himmel mir befohlen, ihm von meiner Schokolade zu geben, und dann mußte ich das Mädchen töten, alles die Stimme vom Himmel, Mutti, und dann bin ich in den nächsten Wald und habe unter einem Strauch gelegen, bis es Nacht geworden ist, und dann bin ich zurückgekommen zu dir, Mutti.‘ ‚Albertchen‘, sagte ich, ‚du radelst jetzt nicht mehr mit dem Velo zu meiner Schwester, die Eier schicken wir mit der Post.‘ ‚Jawohl, Mutti‘, sagte er, strich sich noch ein Stück Brot mit Marmelade voll und ging in den Hof. ,Nun muß ich wohl doch zum Pfarrer Beck gehen', dachte ich, damit er streng mit Albertchen selig rede, aber als ich zum Fenster hinausschaue und sehe, wie im Sonnenschein draußen Albertchen selig so treu seine Pflicht tut und ganz still und ein bißchen traurig am Kaninchenstall herumflickt und wie der ganze Hof blitzsauber ist, denk' ich, ,Was geschehen ist, ist geschehen, Albertchen ist ein braver Mensch, herzensgut im Grunde, und es wird ja auch nicht wieder vorkommen.'‹

Nun kam abermals die Krankenschwester ins Zimmer, untersuchte die Apparatur, ordnete die Schläuche, und das Mütterchen in den Kissen schien aufs neue erschöpft. Ich wagte kaum zu atmen, der Schweiß lief mir übers Gesicht, ohne daß ich darauf achtete; ich fror auf einmal und kam mir doppelt lächerlich vor, wenn ich daran dachte, daß ich von der Alten eine Stiftung erwartet hatte, dazu die Unmenge Blumen, all die roten und weißen Rosen, die flammenden Gladiolen, Astern, Zinnien, Nelken, weiß Gott woher angeschafft, eine ganze Vase voller Orchideen, unsinnig, protzig, die Sonne hinter den Vorhängen, der unbewegliche massige Priester, der Knoblauchduft; ich hätte plötzlich toben mögen, das Weib verhaften, aber alles hatte keinen Sinn mehr, die Letzte Ölung stand bevor, und ich saß da in meinen Sonntagskleidern, feierlich und unnütz.

›Erzählen Sie weiter, Frau Schrott‹, mahnte der Priester ungeduldig, ›erzählen Sie weiter.‹ Und sie erzählte weiter. ›So ging es denn auch wirklich besser mit dem Albertchen selig‹, führte sie mit ihrer ruhigen, sanften Stimme aus, und es war nun wirklich, als erzählte sie zwei Kindern ein Märchen, in dem ja auch das Böse und das Absurde geschieht als etwas ebenso Wunderbares wie das Gute, ›er fuhr nicht mehr nach Zürich; aber als der Zweite Weltkrieg zu Ende war, konnten wir wieder unser Auto gebrauchen, das ich Anno achtunddreißig gekauft hatte, weil der Wagen des seligen Galuser wirklich aus der Mode gekommen war, und so fuhr Albertchen selig mich denn wieder in unserem Buick herum. Wir fuhren sogar einmal nach Ascona ins Tamaro, und da dachte ich, weil ihm das Fahren doch so Freude machte, er könne doch wieder nach Zürich, mit dem Buick sei es ja nicht so gefährlich, da müsse er aufmerksam fahren und könne keine Stimme vom Himmel hören, und so fuhr er denn wieder zur Schwester und lieferte die Eier ab, getreu und brav, wie es seine Art war, und manchmal auch ein Kaninchen. Aber auf einmal ist er dann leider wieder erst nach Mitternacht heimgekommen; ich bin sofort in die Garage gegangen, ich habe es gleich geahnt, weil er plötzlich immer wieder Trüffeln aus der Bonbonniere genommen hatte die letzte Zeit, und wirklich fand ich den Albertchen selig, wie er das Innere des Wagens wusch, und alles war voll Blut. ‚Hast du wieder ein Mädchen getötet, Albertchen', sagte ich und wurde ganz ernst. ‚Mutti', sagte er, ‚beruhige dich, nicht im Kanton Sankt Gallen, im Kanton Schwyz, die Stimme vom Himmel hat es so gewollt, das Mädchen hatte wieder ein rotes Röcklein an und gelbe Zöpfe.' Aber ich habe mich nicht beruhigt, ich war noch strenger mit ihm als das erstemal; ich wurde fast böse. Er durfte den Buick eine Woche nicht benützen, und ich wollte auch zu Hochwürden Beck gehen, ich war entschlossen; aber die Schwester hätte zu sehr jubiliert, das ging nicht, und so habe ich Albertchen selig eben noch strenger bewacht, und dann ging es zwei Jahre wirklich gut, bis er es noch einmal tat, weil er der Stimme vom Himmel gehorchen mußte, Albertchen selig, er war ganz geknickt und hat geweint, aber ich habe es gleich bemerkt an den fehlenden Trüffeln aus der Bonbonniere. Es war ein Mädchen im Kanton Zürich gewesen, auch mit einem roten Röcklein und gelben Zöpfen, nicht zu glauben, wie unvorsichtig die Mütter ihre Kinder kleiden.‹

›Hieß das Mädchen Gritli Moser?‹ fragte ich.

›Es hieß Gritli, und die vorigen hießen Sonja und Eveli‹, antwortete die alte Dame. ›Ich habe mir die Namen alle gemerkt; aber dem Albertchen selig ist es immer schlechter gegangen, er begann flüchtig zu werden, ich mußte ihm alles zehnmal sagen, ich mußte den ganzen Tag mit ihm schimpfen wie mit einem Bub, und es war im Jahre neunundvierzig oder fünfzig, so genau erinnere ich mich nicht mehr, wenige Monate nach dem Gritli, da ist er wieder unruhig geworden und fahrig; sogar der Hühnerstall war in Unordnung, und wie wild haben die Hühner gegackert, weil er auch das Futter nicht mehr ordentlich zubereitete, und immer aufs neue fuhr er herum mit unserem Buick, ganze Nachmittage lang, sagte nur, er gehe bummeln, und auf einmal merkte ich, daß wieder Trüffeln fehlten in der Bonbonniere. Da habe ich ihm aufgelauert, und als er sich ins Wohnzimmer schlich, Albertchen selig, das Rasiermesser wie einen Füllfederhalter eingesteckt, bin ich zu ihm gegangen und habe ihm gesagt: ‚Albertchen, du hast wieder ein Mädchen gefunden.‘ ‚Die Stimme vom Himmel, Mutti‘, hat er geantwortet, ‚bitte laß mich nur noch dieses Mal, was befohlen ist vom Himmel, ist befohlen, und ein rotes Röcklein hat es auch und gelbe Zöpfe.‘ ‚Albertchen‘, sagte ich streng, ‚das kann ich nicht zulassen, wo ist das Mädchen?‘ ‚Nicht weit von hier, bei einer Tankstelle‘, sagte Albertchen selig, ‚bitte, bitte,

Mutti, laß mich gehorchen.' Da wurde ich energisch, ,Es gibt nichts, Albertchen', habe ich gesagt, ,du hast es mir versprochen, reinige auf der Stelle den Hühnerstall und gib den Hühnern ordentlich zu fressen.' Da ist Albertchen selig zornig geworden, das erstemal in unserer Ehe, die doch sonst so harmonisch war, hat geschrien, ,Ich bin nur dein Hausknecht', so krank war er, und ist hinausgerannt mit den Trüffeln und dem Rasiermesser zum Buick, und schon eine Viertelstunde später hat man mir telephoniert, er sei mit einem Lastwagen zusammengestoßen und gestorben, Hochwürden Beck kam und Polizeiwachtmeister Bühler, der war besonders feinfühlend, weshalb ich denn auch der Churer Polizei im Testament fünftausend Franken vermacht habe, und fünftausend vermachte ich der Zürcher Polizei, weil ich ja hier Häuser habe in der Freiestraße, und natürlich ist auch meine Schwester gekommen mit ihrem Chauffeur, um mich zu ärgern, sie hat mir die ganze Beerdigung verdorben.‹

Ich starrte die Alte an. Nun war auch glücklich die Stiftung gekommen, auf die ich immer gewartet hatte. Es war, als ob ich noch besonders verhöhnt werden sollte.

Doch nun kam endlich der Professor mit einem Arzt und zwei Schwestern; wir wurden hinausgeschickt, und ich verabschiedete mich von Frau Schrott.

›Leben Sie wohl‹, sagte ich verlegen und gedankenlos, nur den Wunsch im Kopf, so schnell wie möglich wegzukommen, worauf sie zu kichern begann und der Professor mich eigentümlich musterte; die Szene war peinlich; ich war froh, die Alte, den Priester, die ganze Versammlung endlich zu verlassen, gelangte in den Korridor.

Überall tauchten Besucher auf mit Paketen und Blumen, es roch nach Krankenhaus. Ich flüchtete. Der Ausgang war nah, ich wähnte mich schon im Park. Doch da schob ein gewaltiger, feierlich dunkel gekleideter Mann mit rundem Kindergesicht und Hut auf einem Rollstuhl ein verrunzeltes, zittriges Weiblein den Korridor entlang. Die Uralte war in einem Nerzmantel, hielt in beiden Armen Blumen, Riesenbündel. Vielleicht war dies die neunundneunzigjährige Schwester mit ihrem Chauffeur, was wußte ich, schaute ihnen entsetzt nach, bis sie in der Privatabteilung verschwanden, begann dann beinahe zu rennen, stürmte hinaus und durch den Park, an Kranken auf Rollstühlen, an Genesenden, an Besuchern vorbei, und beruhigte mich erst in der ›Kronenhalle‹ ein wenig. Bei der Leberknödelsuppe.«

»Ich fuhr gleich von der ›Kronenhalle‹ nach Chur. Leider mußte ich meine Frau und meine Tochter mitnehmen, es war Sonntag, ich hatte ihnen den Nachmittag versprochen, und Erklärungen wollte ich nicht abgeben. Ich sprach kein Wort, fuhr in einem polizeiwidrigen Tempo, vielleicht war noch etwas zu retten. Doch hatte meine Familie im Wagen vor der Tankstelle nicht lange zu warten. In der Schenke war ein wilder Betrieb, Annemarie war gerade von Hindelbank zurückgekommen, es wimmelte von ziemlich üblen Burschen; Matthäi saß trotz der Kälte in seinem Monteuranzug auf seiner Bank, rauchte einen Stumpen, stank nach Absinth. Ich setzte mich zu ihm, berichtete in kurzen Worten. Doch es war nichts mehr zu machen. Er schien mir nicht einmal zuzuhören, ich war einen Moment unschlüssig, ging dann zu meinem Opel Kapitän zurück und fuhr gegen Chur; die Familie war ungeduldig, hatte Hunger.

›Ist das nicht Matthäi gewesen?‹ fragte meine Frau, die, wie gewohnt, nie im Bilde war.

›Doch.‹

›Ich glaubte aber, der sei in Jordanien‹, sagte sie.

›Er ist nicht gereist, meine Liebe.‹

In Chur hatten wir Mühe mit dem Parkieren. Die Konfiserie war überfüllt, lauter Zürcher, die sich hier den Magen vollstopften, schwitzten, dazu Kinder, die schrien, aber wir fanden noch einen Platz, bestellten Tee und

Gebäck. Doch rief meine Frau das Mädchen noch einmal zurück.

›Fräulein, bringen Sie auch zweihundert Gramm Trüffeln.‹

Sie wunderte sich dann nur etwas, als ich davon nichts essen wollte. Um keinen Preis.

Und nun, mein Herr, können Sie mit dieser Geschichte anfangen, was Sie wollen. Emma, die Rechnung.«

Aufenthalt in einer kleinen Stadt

Fragment

1953

Die Ankunft

Bertram, der letzte Freiherr von Schangnau, der sich seit mehreren Jahren de Schangnau nannte, ein nach Strich und Faden verkrachter Bankier, fuhr mit dem letzten Zug seinem Wohnort Yverdon zu.

Auf der Suche nach einer neuen Beschäftigung war er in Basel gewesen bei einem ebenfalls ruinierten Geldmenschen, dessen Sturz den seinen verschuldete (oder umgekehrt, wie der Basler behauptete), und dem es mit den letzten Moneten gelungen war, einen Verlag zur Verteidigung des Abendlandes zu gründen, ein durchsichtiges Geschäft, das überraschend gut gedieh, obgleich gerade ihm ein jeder den Zusammenbruch voraussagen konnte; doch hatte de Schangnau das Angebot, als Reisender dem jungen Unternehmen beizutreten, vorderhand noch abgelehnt, da ihn die Hoffnung nicht ganz verlassen hatte, beim Verband der Neuenburger Weißweinhändler als Sekretär und Propagandachef eingestellt zu werden.

Er fuhr seinem Ziel durch milde Winterlandschaften entgegen, die wie verblichene Prospekte vorbeiglitten. Er war dreiundvierzig, ein Mensch von der alltäglichsten Sorte – sehen wir von seinem vielleicht mehr legendären als wirklichen Berner Adel ab – in einer unmöglichen finanziellen Lage, wie ja viele unter uns, mit einem zehnjährigen Mädchen zu Hause und einer Frau, die er geheiratet hatte, um seine Bank irgendwo unterzubringen, wie er sich dies jetzt eben gestand: War Madeleine doch eine geborene Le

Locle, ebenfalls die letzte ihres Geschlechts und als solche im Besitz eines düsteren, aber pompösen Hauses in Yverdon (am ›Place‹ zwischen dem Schloß und der Kathedrale).

Er stand im Korridor, den grauen Tweedmantel übergeworfen, gegen ein Fenster gelehnt, untergegangen im öden Einerlei des schweizerischen Alltags. Er blickte nach dem Erstklaßabteil, wo ein Reisender den Mantel anzog, auch Tweed, auch grau, um wohl beim nächsten Halt auszusteigen. Er erinnerte sich, im Höhepunkt seiner Bankgeschäfte ebenfalls Erster gefahren zu sein, in diesen kleinen, rotgepolsterten Stuben mit den farbigen Hodlers und Böcklins, Calames und Ankers an den Wänden zur Erziehung der oberen Zehntausend und mit den stets etwas neidischen und vorwurfsvollen Gesichtern derer, die hinter den Innenscheiben den Korridor passieren. Als sich die Schwierigkeiten einstellten (die Wechsel, die nicht einzulösen, die Aktien, die wertlos waren, die beinahe gefälschten Unterschriften, die Polizei, die mehrere Male erschien), hatten ihn die Coupés zweiter Klasse umgeben, Coupés, die nur noch von Bildern der Heimat geziert waren: die Berner Altstadt etwa, das Kloster Einsiedeln, die Blümlisalp von Westen, der Napf von Süden und das Matterhorn von Norden her oder die Payerner Kathedrale. Bald würde er in den beinahe kahlen, beinahe kultur- und heimatlosen Wänden der dritten Klasse reisen, wie er sich dies einmal vorgenommen hatte. Auch jetzt eben.

Draußen war es längst Nacht geworden. Der Zug hatte es nicht sonderlich eilig dem Jura entlang, er hielt da und dort. De Schangnau ärgerte sich, daß er den schnelleren Zug über Delémont verpaßt hatte und nun den Umweg über Olten machen mußte. Der Koffer und die Mappe lagen im Netz über seinem verlassenen Sitz, drei Tage war er fort gewesen, die Engländerin hatte er auch wieder getroffen. Im christlichen Hospiz. Auch dies war ein Abstieg. Einst war er seinen Ehebrüchen in den ›Drei Königen‹ oder, war er in Zürich, im ›Baur au Lac‹ nachgekommen. Gelangweilt schaute er ins Abteil zurück, das er verlassen hatte, sich im kälteren Korridor von der Wärme zu erholen. Die Züge wurden überheizt in diesem Lande. Zweiundzwanzig Grad, wer hielt das auch aus. Der Student war über seinem Lehrbuch der Anatomie eingeschlafen, und der Handlungsreisende, der in Oensingen eingestiegen war, döste im milchigen Widerschein der Scheiben vor sich hin. De Schangnau sah auf die Uhr. Einundzwanzigsiebenunddreißig. Um Zweiundzwanzigneunundfünfzig würde er zu Hause sein. Er steckte eine Parisienne in Brand. Alles war durchzittert vom gleichmäßigen Stampfen des Zuges, alles eingesponnen in Glas und Eis. Der Zugführer wankte vorbei mit seiner roten Tasche und kurz danach, vom Speisewagen her, der Lausanner Staatsrat Roß – zum Glück kurzsichtig –, mit dem er einst befreundet gewesen war. De Schangnau spähte hinaus. Er ahnte ferne Lichter und Leuchtreklamen, und der Zug fuhr, vielleicht zwischen Solothurn und Grenchen, vielleicht auch anderswo, in den Bahnhof einer kleinen Stadt ein, den der Bankier durch den Eisbelag kaum zu erkennen vermochte und bei dem es keinen vernünftigen Grund hätte geben können, auszusteigen.

Daß er dies gleichwohl tat, war in einer gewissen Neugier begründet, die noch das einzige war, woran er sich klammern konnte. Er hatte durch die beinahe blinde Scheibe eine hellerleuchtete Frauenhand gesehen, die aus einem Kiosk heraus den Reisenden der ersten Klasse bediente, der eben ausgestiegen war.

De Schangnau konnte der Versuchung nicht widerstehen. Er stieg aus dem Zug. Der leere Bahnsteig war nur notdürftig erleuchtet. Die Kälte ernüchterte ihn. Er ging den Zug entlang und trat zum Kiosk. Doch entsprach die Verkäuferin nicht ganz der zierlichen Hand. Ihre Zähne waren schwarz und verfault. Der Bankier zögerte, wußte nicht, was er eigentlich gewollt hatte, was er nun sollte, verlangte endlich Zigaretten, obgleich er noch ein Paket in der Tasche hatte, und suchte nach Geld, ärgerlich über sein Aussteigen. Da setzte sich der Zug in Bewegung. Der letzte Freiherr von Schangnau konnte nicht aufspringen, der übergeworfene Mantel hinderte ihn. Es blieb ihm nichts anderes, als in den Tweed zu schlüpfen, ihn zuzuknöpfen und nach der erleuchteten Fensterreihe zu starren, die mit steigender Schnelligkeit an ihm vorbeiglitt und in der Nacht verschwand, im leeren Raum, wie ihm schien.

Schnellzüge – bemerkte leicht verärgert, als sei ihm das Mißgeschick begegnet, der Bahnhofsvorstand, an den de Schangnau sich wandte –, Schnellzüge hielten nur kurz, und es sei am besten, sie nicht unnötigerweise zu verlassen, Zigaretten könne man auch im Speisewagen kaufen. Wo er denn hinwolle?

»Nach Yverdon.«

Wo Pestalozzi gelebt habe, stellte der Bahnhofsvorstand fest und klemmte die Kelle unter den Arm, die das Unglück verschuldet hatte.

»Richtig«, antwortete de Schangnau.

Yverdon sei nicht mehr zu erreichen, fuhr der Bahnhofsvorstand fort, im Kursbuch blätternd, es tue ihm leid. De Schangnau meinte nachlässig und den Bankier spielend, der er nicht mehr war, man sollte sich um sein Gepäck kümmern, im Raucherabteil zweiter Klasse.

Er werde telefonieren, sagte der Bahnhofsvorstand.

Wie denn das Städtchen heiße?

Konigen.

»Sie!« lachte der verkrachte Bankier: »Wer kommt auch nach Konigen. Betrachten wir uns in Gottes Namen dieses traurige Nest. Gibt es ein anständiges Hotel?«

Der ›Wilhelm Tell‹ sei so eines, antwortete der Bahnhofsvorstand mit Würde und wandte sich ab.

›Nun‹, dachte de Schangnau, ›wer in der Stadt Pestalozzis wohnt, kann auch im ‚Wilhelm Tell' übernachten‹, nickte dem Bahnhofsvorstand zu, ohne dessen Zorn und Abwendung zu bemerken, und betrat die Halle. In der Mitte band sich der Mann, der im Tweedmantel im Erstklaßabteil gesessen hatte, den linken Schuh, zusammengekrümmt, in einer sicher unangenehmen Stellung. De Schangnau sah der Verkäuferin nach, die ihren Kiosk geschlossen hatte und nun an ihm vorbei zum Ausgang strebte. Die Frau kam ihm doppelt reizlos vor in ihrem roten Mantel und ihren Skihosen. Im Ausgang stand ein Zeitungsverkäufer, frierend, mit Ohrenwärmern und eine Brissago rauchend. Der Freiherr kaufte sich das ›Feuille d'Avis de Lausanne‹, die ›Basler Nachrichten‹ und die ›Sie und Er‹. Im ›Wilhelm Tell‹ wollte er noch etwas lesen, im Bett vor dem Einschlafen, zu Hause am ›Place‹ würde er dies auch tun.

Auf dem Bahnhofsplatz war es kalt. Das Städtchen lag entfernt, wohl gegen die Hügelkette zu, nur wenige Häuser umgaben den schwach beleuchteten Platz, das Hotel Zum Bahnhof, das aussah wie alle Hotels Zum Bahnhof, und ein neuerer Bau, die Post. Ein Trolleybus fuhr davon, der rote Mantel der Verkäuferin leuchtete durch die Scheiben. Der Platz war nun menschenleer. Vor der Post stand eine

Telefonautomatensäule, vor dem Hotel kahle Bäume, und vom Städtchen her wehten Stimmen, Musik, Singen. Über allem ein halber Mond, dann, noch weiter entfernt, ein Stern, wie hingesetzt auf den silbergrauen Grund. Der ruinierte Bankier fühlte sich verlassen, gescheitert, an eine böse Küste geworfen. Die Sehnsucht nach etwas Warmem stieg in ihm auf, nach seiner Stube zu Hause mit dem Wappen der Le Locles über dem Kamin, nach dem Familientisch, nach seiner Frau sogar. Er haßte mit einem Male alles Reisen, wie er auf diesen nächtlichen Platz starrte, alle Engländerinnen, alle unehrlichen Manöver, die ganze Welt der Schiebungen und der Geschäfte, in der er sich so ungeschickt bewegte. Er beschloß, das Taxi zu nehmen, welches angefahren kam, das letzte Taxi, das er sich leisten wollte. Kaum, daß es hielt:

»Wilhelm Tell«, sagte de Schangnau, als sich die hintere Wagentüre öffnete, und stieg ein.

Daß dieses Taxi nicht in Ordnung war, bemerkte der Bankier erst später. Er raste davon in einer recht eigentlich höllischen Geschwindigkeit, den Häuserreihen entgegen, dann durch eine breite Geschäftsstraße, voll von Menschen vor hellen Läden, an Kinos vorbei. De Schangnau lehnte sich zurück und schaute durch die Scheibe. Er hatte sich Konigen anders vorgestellt, »ein Nest wie Konigen« war ein Sprichwort im Lande, nun schien es ihm während dieser nächtlichen Fahrt etwas Großstädtisches zu haben, so daß ihm denn auch das rücksichtslose Gebaren des Chauffeurs natürlich schien, doch als er seinen Blick zur anderen Scheibe wandte, bemerkte er, daß er sich nicht allein im Wagenhintergrund befand. Neben ihm saß einer, nur undeutlich, nur als Silhouette zu erkennen, ebenso zurückgelehnt wir er.

»Nun«, sagte der andere, »es gilt, in zwei Minuten geht sie los!«

Ehe de Schangnau begriffen hatte, wurde ihm ein runder Gegenstand in den Schoß gelegt, groß wie ein Kopf, schwer und aus Metall, ein Gegenstand, den er unwillkürlich an sich preßte.

Der Wagen hielt, und der Bankier stand draußen, mitten auf einem kleinen, alten Platz, gepflastert, umgeben von ehrwürdigen Gebäuden, siebzehntes, achtzehntes Jahrhundert, und einem Hochhaus, das nicht recht dazu paßte. Der andere hatte ihn hinausgeworfen, er stürzte beinahe, kaum daß er sich auf den Beinen halten konnte. Was sei, wollte er schreien, bevor der Wagen, aufheulend, in eine Gasse einbog und verschwand. Doch kam er nicht zum Protestieren. Denn als er sich den Gegenstand besah, den er in den Händen hielt, war es eine Bombe.

Wir geben die ungewöhnliche Situation zu: Ein Bankier, nach Strich und Faden verkracht, mit einer Bombe, die in nun nicht ganz zwei Minuten zu explodieren drohte, mitten in einem nächtlichen Städtchen, von dem er nichts weiß als den Namen, das er eben zum erstenmal in seinem Leben betreten hat: eine Situation, die denn auch de Schangnau mit einem Schlag aus der Gleichgültigkeit zu reißen drohte, in die er gesunken war in allem, was er unternommen hatte, sei es seine Ehe am ›Place‹ in Yverdon, seien es seine mißglückten Geschäfte gewesen.

Das Erwachen war schmerzlich. Das Abenteuer, das ihm so unvermutet zugestoßen war, wünschte er in alle Himmel. Er stand da, jämmerlich, bleich, frierend, den unheimlichen Gegenstand in Händen und eben im Begriff, die Bombe niederzulegen und davonzulaufen, was auch das natürlichste schien. Doch er wurde gestört.

Von der Kirche her, die er hinter den Häusern emporragen sah, brach ein Umzug in den Platz ein, eine Blasmusik, die Musiker mit funkelnden Helmen, in schwarz-roten Uniformen, Notenblätter vor den Gesichtern an die Instrumente geheftet, die Feuerwehr offenbar, die nun mit feierlicher Macht einsetzte, ›Näher mein Gott zu Dir‹, hinter ihr Fackeln, Menschen; Fenster öffneten sich.

De Schangnau, nicht ganz kopflos, überzeugt, schon von vielen bemerkt worden zu sein, bedacht, keine Opfer zu riskieren, wich in ein schmales Gäßchen zurück, ins nächstbeste (was blieb ihm anderes übrig), rannte durch eine Häuserschlucht, die kein Ende nahm, an Neugierigen vorüber, die zum Umzug strebten, bis er nicht mehr weiterkonnte.

Vor ihm stand ein alter Turm, mit Scheinwerfern hell erleuchtet, romanisch oder gotisch, was wußte der Bankier, mit einem riesigen Zifferblatt, mit goldenen Zeigern, unter denen sich jetzt eben Figuren bewegten, der Papst, der Kaiser, der Bürger, weiter oben nickten Apostel, ein Tod schwang eine Sense. Es begann dumpf zu schlagen. Zehn Uhr. Der Torbogen des Turms war leer, eine weitoffene Höhle, der Turm unbewohnt, wie es schien, mit einer Tafel über dem Tor: Museum, Besuchszeiten zehn bis zwölf, zwei bis fünf. Nur noch wenige Sekunden. De Schangnau erinnerte sich, den Turm irgendwo gesehen zu haben, vielleicht unter den Heimatbildern in den Zweitklaßcoupés, als etwas, wenn nicht für die Schweiz, so doch für Konigen Berühmtes, Ehrwürdiges, Sinnbildliches, doch bot das Gebäude die einzige Möglichkeit, niemanden zu gefährden wenn überhaupt noch eine vorhanden war, denn schon näherte sich der Festzug, wurde das Blasen gewaltiger, immer noch ›Näher mein Gott zu Dir‹, öffneten sich auch hier überall die Fenster. Und so warf er denn die Bombe durchaus mit dem Gefühl einer schmerzlichen Humanität unter den Turm und rannte gegen die nächste Tür, die nachgab. Der Bankier stolperte in einen Hausgang, noch hörte er einen Schlag der Turmuhr, einen Glockenton des Jüngsten Gerichts, noch einen zweiten, dann kam die Explosion.

Der Korridor, in den der Attentäter sich zurückgezogen hatte, schwankte, Feuer stand in der Türe, das Getöse war ohnegleichen. De Schangnau fühlte, wie Gips auf ihn niederrieselte, und zog sich weiter ins Innere des Hauses zurück, da draußen nun ein unermeßliches Zusammenkrachen anhob. Er tappte vorsichtig weiter und stieß gegen eine Türe, die sich öffnen ließ. Er hatte Glück. Er stand auf einer Straße, einem Gasthaus gegenüber, dessen Schilder die unverkennbare Figur des schweizerischen Nationalhelden zierte, wie der Bankier erleichtert feststellte; nur noch wünschend, sich in ein Bett legen und eine Decke über die Ohren ziehen zu dürfen, komme, was da wolle.

Im Coiffeurladen

Er schlief bis neun. Wie von ferne hatte er beim Auskleiden und Einschlafen, zitternd und frierend von seinem Abenteuer, die heranheulenden Feuerwehrwagen, das erregte Zusammenlaufen der Massen noch vernommen. Dann, jäh erwacht, erstaunt, daß schon die Sonne durch die Vorhänge schien, war jedoch nicht die drohende Verhaftung seine erste Sorge, die würde schon von selber kommen, das Spießrutenlaufen zur Polizei an der Seite eines biederen Beamten, das peinliche Verhör, der Unglaube, mit dem man seinen Bericht aufnehmen würde; was ihn quälte, war, daß er nur noch zehn Franken besaß, das einzige Vermögen, welches er zur Zeit aufzuweisen vermochte.

Im ›Wilhelm Tell‹ hatte er sich nach alter Gewohnheit als Bankier eingeschrieben, ›Bertram de Schangnau, Directeur de la Banque de Schangnau et Le Locle, 10 Rue Pestalozzi, Yverdon‹, und, froh unterzukommen, ein Zimmer mit Bad genommen. Zum letztenmal, wir kennen diesen seinen Vorsatz schon.

Das Zimmer würde zwanzig kosten, rechnete er, das war das mindeste, denn er hatte ein Doppelzimmer nehmen müssen. Er konnte kaum erwarten, unter fünfundzwanzig davonzukommen, auch wenn er nicht frühstückte, so daß die geringe Chance, diese böse Geschichte doch noch heil zu bestehen, indem man sich so schnell als möglich aus dem Staube machte, durch einige wenige fehlende Franken in Frage gestellt wurde.

Später dachte er, im warmen Wasser und angesichts seines nackten Leibes, an die Engländerin, die er im christlichen Hospiz wieder getroffen hatte. Er konnte keinen zwingenden Grund mehr angeben, der dieser Bekanntschaft hätte einen Sinn geben können, keine Leidenschaft vermochte er aufzuweisen, keine Liebe, nicht einmal Begierde, nur aus Laune, aus einem Gespräch im Speisewagen, den Vierwaldstätter See vor Augen, waren diese gleichgültigen Nächte in gleichgültigen Hotelzimmern entstanden, wohl weil er sich langweilte. Nun lag er im Bad, in einem Raum, den er nicht bezahlen konnte, und wartete auf die Polizei. Draußen ein demolierter Turm, ein in die Luft gesprengtes Heimatmuseum, ein aufgebrachtes Städtchen. Es war wie in einem schlimmen Märchen. Alles war miteinander verknüpft, eines bedingte das andere. Aus lauter Zufälligkeiten, aus einer unnötigen Liebesnacht, aus einem nachlässigen Verlassen des Zugs, aus einer rätselhaften Verwechslung war ein Ereignis entstanden, das sinnlos war, hatte er eine Tat begangen, die er nie hatte begehen wollen, die zu begehen er nie für möglich gehalten hätte, die jedoch wie keine andere den Unsinn seines Lebens aufdeckte.

Er beschloß, da die Polizei immer noch nicht erschien, doch zu frühstücken, und, sollte wunderbarerweise niemand auf seine Täterschaft gekommen sein, die Hoteldirektion anzupumpen, um mit dem ersten besten Zug aus Konigen zu flüchten. Sich das Frühstück in sein Zimmer kommen zu lassen, genierte er sich, weil das nachfolgende notwendige Gespräch mit der Leitung des ›Wilhelm Tell‹ ihm peinlich war.

So ging er hinunter, frisch gebadet, doch schritt er vorerst nicht ins Frühstückszimmer, sondern zum Coiffeur; auch dies eine Vorsichtsmaßnahme, wenn er schon Geld auftreiben mußte, wollte er dies so bankierhaft wie nur möglich tun.

Hundert Franken hoffte er zu erzielen, vielleicht auch hundertfünfzig, wenn er die richtigen Ausreden finden und mit der nötigen Selbstverständlichkeit auftreten würde, was ihm jedoch nicht mehr selbstverständlich war. Er hatte vorher, in seinem Leben als Bankier, wo er ja im Grunde auch ohne jeden Rappen gewesen war, mit der größten Leichtigkeit geborgt, Zehntausende, Hunderttausende von Franken; daß es ihm mit einemmale schwerfiel, stimmte ihn nachdenklich. Wenn diese technische Unsicherheit einreißen sollte, war es aus mit ihm.

Er mußte nach den Angaben des Portiers nur die Straße überqueren. Der Laden befand sich neben der Türe, aus der er gestern abend geflüchtet war. Draußen schien die Sonne, strahlend, vom Ende der Straße her, und der Himmel war vom hellsten Blau, doch war es immer noch kalt, alles schien ihm sibirisch.

De Schangnau, ohne Mantel, trat rasch ein, vom Geklingel der sich öffnenden Türe begleitet. Der Coiffeur las eben die Zeitung, den ›Express‹, und erhob sich, den Bankier zu bedienen.

»Rasieren«. De Schangnau setzte sich und bekam ein weißes Tuch um den Hals.

Sein rundes, verquollenes Gesicht im Spiegel war ihm unangenehm, Auge in Auge mit sich selber zum ersten Mal ekelhaft. Er kam sich geistlos und gemein vor, wie ein richtiger Attentäter. Der Coiffeur dagegen, ein langer Mensch mit feierlichen Bewegungen, sah in seinem Berufsmantel aus wie ein bedeutender Zahnarzt. Ob der Herr von Bern komme, fragte er, Schaum schlagend.

»Von Yverdon.«

Aus der Stadt Pestalozzis, stellte der Coiffeur fest.

»Sehr richtig«, sagte der Bankier. Er antwortete seit Jahren mit ›sehr richtig‹, wenn jemand den Zusammenhang von Yverdon und Pestalozzi wieder einmal feststellte.

Er habe gedacht, der Herr komme aus Bern, fing der Coiffeur von neuem an, sichtlich enttäuscht, von Bern, von der Untersuchungskommission. Der Herr sehe akkurat wie ein Detektiv aus, die hätten auch so was Geistiges, und seifte de Schangnau ein.

»Guten Morgen, Herr Stadtbaumeister«, grüßte er dabei mechanisch, »setzen Sie sich, mein Sohn wird Sie bedienen. Wilhelm, rasieren.«

Unter Geklingel war ein Herr eingetreten, hatte seinen Mantel an den Haken gehängt und nahm neben dem Bankier Platz. Ihre Blicke begegneten einander im Spiegel. Der Stadtbaumeister war ein kleiner Mann, dick, ohne fett zu sein, mit mächtigen Muskeln, wie man ahnte, fast wie ein Bauer gekleidet, mit einer schweren, silbernen Uhrenkette über dem Bauch.

Was es denn in Konigen zu untersuchen gebe, und wozu man Detektive brauche, fragte de Schangnau den Coiffeur vorsichtig, der das Messer schliff.

Der große Stöpsel sei in die Luft geflogen gestern nacht um zehn, antwortete der Coiffeur aufgeregt, nur noch einige Mauerreste und einige verkohlte Balken seien vorhanden, denn nach der Explosion habe der Turm zu brennen begonnen. »Ein wichtiges, man darf sagen, nationales Unglück, was mit unserem lieben Stöpsel, mit unserem alten, guten Stöpsel geschehen ist, nicht wahr, Herr Stadtbaumeister Künzi?« wandte er sich halb stolz, halb jammernd zum anderen Gast, den nun sein Sohn bediente, ein blondes, frisiertes Jüngelchen; doch gab Herr Künzi keine Antwort, aus seinen Augenschlitzen warf er nur hin und wieder einige aufmerksame Blicke auf dem Umweg über den Spiegel zu de Schangnau hinüber, fast drohend, wie der Bankier dachte.

In den Frühnachrichten im Radio vor dem Morgenturnen (er turne immer), in den Frühnachrichten sei die Meldung auch gekommen, prahlte der glückliche Coiffeur weiter, der seinen Gesprächsstoff gefunden hatte und auch festhielt, nur schade, daß der Sprecher von Beromünster sie im gleichen Tonfall berichtet habe wie irgendeine ausländische Nachricht, etwas Mitgefühl und Trauer wäre gerade diesmal durchaus in Ordnung gewesen bei dieser schweizerischen Katastrophe, das gehe nun einmal das ganze Schweizervolk an, einen Bundesrat so gut wie einen simplen Coiffeur, da müsse schon eine Königin oder der Papst sterben, um so einen Nachrichtensprecher in Rührung zu bringen; doch wurde er zum Glück unterbrochen. Durch erneutes Geklingel von der Türe her.

Der neue Kunde (ein stattlicher Mann mit weißem Schnurrbart, wie de Schangnau im Spiegel bemerkte) setzte sich auf einen der Stühle unter den Zeitungen, nahm die ›Schweizer Illustrierte‹ in die Hand und wurde vom Coiffeur in seiner überhöflichen Art als Metzgermeister Ziel begrüßt.

»Guten Morgen, Künzi«, lachte der Metzger, »laßest dir den Bart abnehmen, hast es auch nötig, wenn dir deine Türme, hops, in den Himmel springen«, und wie der Stadtbaumeister immer noch schwieg, wohl verletzt von den Grobheiten des Metzgers, lachte der, die Himmelfahrt des großen Stöpsels scheine Künzi die Sprache verschlagen zu haben.

»Und Ihnen das Trompetenblasen, Herr Ziel«, kam der Coiffeur dem Stadtbaumeister zu Hilfe und setzte das Messer an die linke Wange des Bankiers (die rechte hatte er schon bearbeitet).

»Bei meiner Seele, da hast du recht, Haarschneider«, sagte Ziel und steckte sich einen Stumpen in Brand, »da blies ich gestern im Umzug zu Ehren unserer hundertjährigen Frau Trudi Meier-Hühnlein-Schär-Hofer, deren zweiter Mann, der Hühnlein, vor sechzig Jahren Stadtpräsident gewesen ist – ihr erster, der Schär, war Apotheker, und ihr dritter, der Pfarrer Meier, ist ja nun auch vierzig Jahre tot, aber er hat mich noch konfirmiert – da blies ich gestern ›Näher mein Gott zu Dir‹ aus allen Leibeskräften, was sich das Geburtstagskind so wünschte, und plötzlich geht vor meiner Nase der große Stöpsel in die Luft, daß es eine wahre Pracht ist, und nicht nur vor meiner Nase, sondern auch vor unserer Feuerwehr, die teils mitblies, teils im Umzug marschierte, denn der Apotheker war auch Feuerwehrkommandant. Für mich ist es ein erhabener Augenblick gewesen, ich will da ehrlich sein, so etwas wie eine großartige Predigt von der Vergänglichkeit aller großen Stöpsel, jedenfalls, wenn die Pfarrer auch so zu predigen verstünden, ginge ich auch in die Kirche und dies jeden Sonntag; aber die Hundertjährige muß einen ordentlichen Schrecken bekommen haben ob dem schwefelgelben Blitz und dem Krachen, es war wie zu Sodom und Gomorrhas Zeiten, und sie wohnt nicht weit vom Stöpsel.«

Frau Meier-Hühnlein sei schwerhörig, versicherte der Coiffeur (nun mit der linken Wange des Bankiers zu Ende).

Das sei ein Glück für die alte Dame, beruhigte sich Herr Ziel, mit dem Weiterblasen sei es natürlich nichts gewesen, der Umzug habe zur Feuerwache rennen müssen, die

Geräte und die Feuerspritze zu holen, doch habe man den Turm nicht retten können, ja, Mühe gehabt, das Feuer von den anliegenden Häusern fernzuhalten, eines sei halb eingestürzt, und es sei ein Wunder, daß man sich heute hier rasieren lassen könne, denn auch das Haus des Coiffeurs sei in Gefahr gewesen. Er sei nur neugierig, was denn nun die Kommission aus Bern, die noch diese Nacht angekommen sei, für Ursachen finden werde; was Gescheites sicher nicht.

Der Stöpsel sei in die Luft gesprengt worden, regelrecht und kunstvoll, behauptete der Coiffeur, das sei ihm klar. Nicht umsonst habe sich die Explosion zwei Tage vor der Fünfhundertjahrfeier der Bollenschlacht ereignet, vor einem der wichtigsten Daten der heimatlichen Geschichte, zwei Tage vor dem großen Umzug und dem Besuch der Bundesräte Etter, Feldmann und Petitpierre. Als Täter kämen nur die Kommunisten und die Freimaurer in Frage, dies sei logisch, doch von denen schieden die Moskauer aus, weil sie schwach seien und Stimmen nötig hätten, der Stöpsel sei populär, da würden sie es nicht wagen, ihre roten Finger daranzulegen. »Aber die Freimaurer«, rief er aus, »die sind stark, die können sich einen solchen Frevel leisten. Sie werden sehen, meine Herren, die Kommission aus Bern wird nichts finden, und wenn sie zehnmal die besten Detektive der Welt hätte, weil sie nichts finden darf. Aber der Kerl, der das Wahrzeichen unserer Stadt zerstörte, würde etwas erleben, wenn ich ihn unter mein Messer bekäme!« und energisch schabte er an de Schangnaus Kehle herum, der Heimat zuliebe sei er noch durchaus zu einem Mord fähig, wie der Wilhelm Tell, der Arnold von Winkelried und die anderen alten Schweizer.

Er solle doch aufpassen, begehrte de Schangnau auf,

etwas kleinlaut, da nun wirklich Blut floß, und ihm mit einemmal das unangenehme Gefühl aufstieg, der Coiffeur ahne, wen er da unter dem Messer habe.

»Pardon, mein Herr, pardon«, sagte der Coiffeur bestürzt, wie er sah, daß er den Bankier geritzt hatte, und behandelte ihn mit einem blutstillenden Stift, er sei untröstlich, er habe doch sonst die sicherste Hand von Konigen, nur heute sei er durch das nationale Unglück wie von Sinnen.

Das mit den Freimaurern sei Blödsinn, ärgerte sich inzwischen der Metzger von seinem Stuhle her, immer noch mit der ›Schweizer Illustrierten‹, der Haarschneider solle doch gerade noch mit den Juden kommen, dann hätte man die möglichen Sündenböcke beieinander. Eine Gasleitung werde geplatzt sein, sagte er, denn die Vernunft, die es brauche, den Stöpsel fortzuschaffen, traue er heutzutage weder einem Juden noch einem Freimaurer zu, und am allerwenigsten den Moskauern oder gar den anderen Parteien, seien dies nun die Katholiken, der Dutti oder ein Sozi. Man solle doch zugeben, daß der Stöpsel nichts als ein lästiges Verkehrshindernis gewesen sei, nur mit einem Volkswagen sei man hindurchgekommen, und auch dies nicht einmal richtig. Aber eben, wann ginge es in der Politik je um das, was klipp und klar auf der Hand liege, sonst wäre wohl der Stöpsel längst nicht mehr vorhanden. Er sage dies, obwohl der Stadtbaumeister hier sei und gerade deswegen. Kein Haus, keine Garage, keinen Kaninchenstall könne man heute bauen lassen, ohne daß er hineinrede, immer müßten die alten Zeiten berücksichtigt werden und die alten Stile, und einige Koniger täten so, als ob man heute noch mit Bärten und Morgensternen herumliefe.

»Herr Ziel«, antwortete der Coiffeur an Stelle des

Stadtbaumeisters, der immer noch schwieg und den Blick auf de Schangnau gerichtet hielt, »Herr Ziel«, sagte er, während er den Bankier mit Eau de Cologne bestäubte, »es gibt außer dem Materiellen noch Geistiges, und der Stöpsel ist etwas Geistiges gewesen, ein heimatlicher Wert und ein Symbol des echten Schweizergeistes wie der Pestalozzi und der Gottfried Keller.« Er sei auch ein echter Schweizer, entgegnete der Metzgermeister und schwang die ›Schweizer Illustrierte‹ wie eine Fahne, und ein gerade so guter wie der Gottfried Keller, den er ebenfalls in der Schule gelesen habe, aber ein moderner, der sich nicht einbilde, wie der Künzi, an der Bollenschlacht mitgekämpft zu haben, unter dem Ritter Kuno von Zäziwil, von dem es ihn nur wunder nehme, ob er sein berühmtes »Wir siegen, denn wir haben den Geist«, auch gesprochen hätte, wenn die damaligen Schwaben mit einer Atombombe gegen den Bollen gezogen wären. Man solle ihm nicht immer mit den Leistungen der alten Schweizer kommen. Steuerzahlen sei eine ebenso große Heldentat wie eine Schlacht zu gewinnen, und er bezahle mehr Steuern als alle in diesem Laden zusammengenommen. Die Zeit könne niemand zurückbiegen, und wäre er der beste Stadtbaumeister der Welt, man lebe nun einmal von der Milchsiederei, den Delta-Uhren, dem Karosseriewerk und von den Stumpen und der Fahrradfabrik und nicht vom großen Stöpsel. Ehrlichkeit, meine Herren, rief er aus, während der Coiffeur de Schangnau abbürstete, der sich erhoben hatte, Ehrlichkeit sei die wahre Schweizerart. Zuerst komme der Käse und dann erst der Stöpsel; dies sei nun einmal die natürliche Rangordnung, und nicht nur in Konigen, sondern auch in der ganzen Schweiz, die aus ihrem Nationalhelden Tell schon längst eine Reklamefigur gemacht habe. Darum solle man auch jetzt nicht ein gar so gewaltiges Unglück aus dem in die Luft geflogenen Stöpsel machen, hin sei hin, und niemand hindere einen, dessen Bild weiterhin auf die Produkte der Milchsiederei, die Stumpen und die Würste zu kleben, wohin es auch gehöre.

De Schangnau, endlich dem Coiffeurladen entwichen, ging über die Straße in den ›Wilhelm Tell‹ zurück und ins Frühstückszimmer. Er hatte Hunger. Er bestellte zwei Eier im Glas, was er besonders liebte, und Milchkaffee. Er saß am Fenster in der Sonne und sah, wie nun auch der Stadtbaumeister gegenüber den Laden verließ, unentschlossen das Gasthaus betrachtete und dann weiterging.

Am Nebentisch saß ein weiterer Gast des Hotels, dessen Ähnlichkeit mit dem Stadtbaumeister dem Bankier nun auffiel, er war ebenso wuchtig und gedrungen wie Künzi, doch nicht bäurisch gekleidet. Er saß in einer weiten Wildlederjacke mit Knickerbockern an seinem Tisch, durchaus wie ein Tourist, mit hohen genagelten Schuhen, und aß ein Spiegelei mit Schinken, dazu trank er Milch, Tomaten- und Orangensäfte.

Der Bankier hatte die ›Basler Nachrichten‹ mitgenommen. Darin blätterte er nun, während er auf die Eier und den Milchkaffee wartete, doch legte er die Zeitung mißmutig zurück, mit rotem Gesicht, da ihm unvermutet auf der zweiten Seite eine Überschrift aufgefallen war. Bankrott einer Bank in Yverdon. Er ließ sich vom Kellner noch das ›Koniger Tagblatt‹ reichen, das eben der Doppelgänger des Stadtbaumeisters zusammengerollt hatte. Hier war der Zusammenbruch der Bank de Schangnau und Le Locle auf der ersten Seite, vom demolierten Heimatmuseum jedoch noch keine Zeile, da das ›Tagblatt‹ am Abend erschien. Der Bankier hatte sein Spiel verloren, und so ergab er sich denn.

Er machte sich ans Essen. Er aß mit großem Appetit, etwas hastig, da er sich im klaren war, daß dies seine Henkersmahlzeit bedeutete. Es war sinnlos, noch den Versuch zu machen, von der Direktion des ›Wilhelm Tell‹ Geld zu erlangen, denn sie hatte den Artikel wohl auch gesehen, so daß er, in einem Anfall von Galgenhumor, auch eine Portion Schinken bestellte, wie sein Nebenmann, und, nachdem er sie verzehrt, von den Zigarren eine Costa Penna wählte, wieder einmal zum letztenmal. So war er bereit, sich zu stellen, ließ das Morgenessen auf die Rechnung schreiben, die er nicht bezahlen konnte, und machte sich auf, im Tweedmantel und in den Urwalddampf seiner Import gehüllt, die Polizei zu suchen.

Gespräch mit einem Anfänger

Es war halb elf. Zuerst wandte er sich nach dem Ort seines unfreiwilligen Attentats, er hielt es für angebracht, doch auch zu sehen, was er angerichtet hatte.

Mit einer gewissen Verblüffung nahm er die Trümmermassen inmitten der alten Häuser wahr, bestürzt, der Grund einer so großen Verheerung zu sein. Von der Pracht des Stöpsels war nichts mehr vorhanden, die Bombe hatte gründlich aufgeräumt. Auf dem Trümmerhaufen kletterten Polizisten in Zivil umher, frierend und mit geheimnisvollen Untersuchungen beschäftigt, einige mit langen Stangen, womit sie in den verkohlten Balken stocherten. Andere, in Uniformen, hielten die Koniger zurück, die verwundert auf die Überreste ihres Wahrzeichens starrten: die Männer, die Hände in den Manteltaschen, vom allgemeinen Zorn erfaßt, die Frauen mit Kindern auf den Armen. Schuljugend stand umher in Scharen, verzweifelte Lehrer. Irgendwo Schluchzen, irgendwo Flüche, dumpfes Aufbegehren.

Der Bankier, der dies unwillkürlich doch ein wenig auf sich bezog, versuchte lieber nicht, die Menschenkette zu durchbrechen, die ihn vom Ort der Katastrophe fernhielt, sondern ging nach einigen Augenblicken pietätvollen Verweilens die Gasse zurück, durch die er gestern abend, bestrebt, der Feuerwehrmusik zu entweichen, die Bombe in den Armen, geflüchtet war, nun ärgerlich, da er bei einem Unterbruch der Häuserfront einen nahen Fluß bemerkte; hätte er dies gewußt, wäre die Bombe explodiert, ohne Schaden zu stiften, so kam die geographische Erkenntnis zu spät.

Er gelangte denn auch, wie er erwartet hatte, wieder auf den kleinen Platz, wo ihn gestern abend das Auto abgesetzt hatte; die Häuser siebzehntes, achtzehntes Jahrhundert, er sah seine Erinnerung bestätigt, auch das Hochhaus erkannte er wieder; daß es nicht zum übrigen paßte, fiel ihm ein zweites Mal auf.

Der Platz war fast leer, nur ein Verkehrspolizist stand in der Mitte mit weißem Helm und weißem Mantel, nicht ganz ersichtlich wozu; der Bankier fragte ihn nach der Polizeiwache. Er hatte nach dem Centralplatz zu gehen.

Die Altstadt war nach einigen Schritten zu Ende; was ihm während der nächtlichen, rasenden Fahrt großstädtisch geschienen hatte, kam ihm nun vor wie ein Kaff mit städtischem Einschlag.

De Schangnau blieb stehen und schaute die Hauptstraße entlang, die sich leicht senkte. Der Verkehr war der einer kleinen Stadt, viele Bauern, irgendwo war wohl Markt, Arbeiterfrauen, ein katholischer Geistlicher, Schüler, einige mit Mützen, was auf ein Gymnasium hindeutete. Die ersten Zeitungen über das Unglück erschienen, das ›Koniger Tagblatt‹, der ›Expreß‹, der ›Bund‹, und de Schangnau dachte befriedigt, daß jetzt etwas anderes als sein Bankrott zu lesen wäre.

Ein Trolleybus kam ihm entgegen, vom Bahnhof her, wie er annahm, schwenkte weiter unten ab, bei einem Wegweiser: Zürich, Bern, Lausanne.

Städtische Bauten, rote Häuser, gelbe, blaue, weiße, Häuser aus Holz, wie mit der Laubsäge gebastelt, aus Stein, aus Beton, eine Renaissancefassade, eine Schule, ein Jugendstilgebäude, die Kantonalbank, ein Warenhaus ›Chez Billeter‹, dann Kinos, drei, vier, sichtbar rechts und links der Straße, ›Capitol‹, ›Apollo‹, ›Alhambra‹, ›Metropol‹, mit grellen Inschriften, ›Limelight‹, ›Straße von Rio, Neunte Woche‹, ›Heidi‹, ›Die Hafenmarie‹, mit küßenden Riesengesichtern, Riesenbusen, ein Konsum, ein Migrosgeschäft, Affichen von Ärzten, Schneidern, Coiffeurs, Schola Cantorum Konigiensis, Läden aller Art, die Metzgerei Ziel, ein weiteres Jugendstilgebäude, vielleicht ein Theater, Bauernhäuser, dazwischen an den Trottoirs Misthaufen und Milchkessel, dann auch Bars, Cafés mit großen Wagen davor, Studebaker, Mercedes, Buick, ein Jeep; die Delta-Uhren waren gesucht wie noch nie, warfen Geld ab wie noch nie, da sollte man sich doch beteiligen können, dachte der Bankier. Dazu die Fahnen und Wimpel der morgigen Schlachtfeier, die bernischen Fahnen, die von Konigen, blau mit gelben Querbalken, die roten Schweizerfahnen mit dem weißen Kreuz, des weiteren Spruchbänder ›Hie Konigen, hie Eidgenossenschaft‹, ›Konigen dankt dem Bunde‹, überall Plakate, die zum Festspiel ›Bollengeist und Bollentat‹ einluden.

Durch diese patriotische Allee hatte der Zerstörer des großen Stöpsels nun zu gehen, wollte er seine Untat melden. Noch zögerte er, begreiflicherweise. Auf dem anderen Trottoir stand der Stadtbaumeister in der Sonne, die mit ihrem Licht nichts vermochte, massig, ein gewalttätiger Bauer, trotz der Kälte mit offenem Mantel und ohne Halstuch, de Schangnau beobachtend. Der Bankier fror. Zum letzten Mal genoß er die Freiheit, wenn auch gequält, dazu wollte die Costa Penna nicht schmecken. Er ließ sie fallen und zertrat sie, wütend über das Geld, das er ausgegeben hatte, und erschrocken über die Sparsamkeit, die ihn da plötzlich anwandelte als unfehlbares Zeichen seiner Pleite.

»Mann«, sagte eine helle Stimme neben ihm, »Mann, du sollst kommen.«

De Schangnau wandte sich um. Im offenen Eingang einer Türe stand ein Mädchen, etwa zehnjährig, in einem dünnen, roten Rock und einer schmutzigen, halb zerrissenen Schürze, mit nackten Beinen, gelben Socken, ebenfalls zerrissen, und Sandalen, ein durchfrorenes Wesen, blau vor Kälte. Das kleine Gesicht war mager, die grünen Augen weit aufgerissen.

»Sollst kommen, Mann«, sagte es wieder.

Wie es heiße, fragte de Schangnau.

»Yvette.«

Zu wem er kommen solle?

»Zu Papa.«

Der Bankier starrte das Mädchen an, wie träumend. »Warum denn?« fragte er, sich an sein Mädchen zu Hause erinnernd, das auch Yvette hieß und ein ebenso schmales blondes Ding war, ihm ebenso fremdartig und unbekannt, und zum erstenmal spürte er Sehnsucht nach der Rue Pestalozzi.

»Wegen dem Turm«, antwortete das Mädchen mit seiner leisen, gläsernen Stimme, und sein Atem trieb in kleinen Wolken vom Gesicht.

»So komm«, sagte der Bankier, »so komm.«

Das Kind lief ihm hüpfend voraus, zuerst auf dem Trottoir. Sie kamen an einem Bäckerladen vorbei.

»Kauf mir einen Nußgipfel, Mann«, sagte das Mädchen, »Papa sagt, du hast Geld und wirst mir einen Nußgipfel kaufen.«

Der Bankier gab ihm einen Franken, Kleingeld hatte er

nicht, und das Mädchen sprang in den Laden. Durch die Scheibe sah er, wie das rote, schmale Geschöpf mit leuchtenden Augen wählte, dann kam es wieder heraus.

»Ich habe zwei Nußgipfel gekauft, Mann«, sagte es, in beiden Händen eines der klebrigen Gebäcke und schon essend; daß es noch Geld herausbekommen haben mußte, erwähnte es nicht.

»Führ mich jetzt zu deinem Vater«, sagte der Bankier.

Das Mädchen hüpfte in eine Seitengasse und dann in einen Hof zwischen Wohnblöcken. Der Bankier zögerte.

Der Hof war asphaltiert, die Hinterfronten der Häuser schmutzig, die blaugraue Farbe blätterte ab, Wäsche hing überall vor den Fenstern, Windeln, zum Teil im grellen Licht der Sonne. Verrostete Eisenstangen, Karosserien alter Autos, Kanister, Schubkarren aus Eisen, Geräte aller Art standen herum, Wellblechdächer, unter denen Velos eingestellt waren, gegen hinten zu Holzschuppen und dann eine Fabrik, von den Schuppen halb verdeckt, mit rauchendem Kamin, ein süßlicher Geruch von Benzin in der Luft.

Das Kind war mitten im Hof stehengeblieben. »Komm, Mann«, sagte es, »komm.«

De Schangnau trat ein. Es war hier nicht so kalt wie auf der Straße, da die Mietshäuser vor der Bise schützten.

»Da ist Papa«, sagte das Mädchen und hüpfte zu einem jungen Mann, der sich an die Türe eines Schuppens lehnte, neben dem es stehenblieb und weiter Nußgipfel aß.

Der Mann schien höchstens zweiundzwanzig. Er war blond wie das Mädchen, die Haare borstig, das Gesicht rund und rosig, der Körper schmächtig, fast knabenhaft, mit einer Lederjacke bekleidet, mit Pelzkragen, Manchesterhosen und groben Schuhen.

»Kommen Sie näher«, sagte er zum Bankier, »wir haben

miteinander zu sprechen. Ich heiße Bein. Natürlich heiße ich nicht so, aber für Sie bin ich Bein.«

Es freue ihn, seine Bekanntschaft zu machen, antwortete der Bankier mit der Höflichkeit seines Berufs, und trat näher, unvorsichtigerweise, denn er lag mit einemmal auf dem Asphalt, von einem Fausthieb gefällt. Der junge Mann sah ruhig auf ihn nieder. Das Kind aß weiter. »Ist das ein böser Mann?« fragte es.

»Nein«, sagte Bein, »das ist er nicht. Stehen Sie auf«, wandte er sich dann an den Bankier, »kommen Sie.«

De Schangnau erhob sich mühsam.

»Kommen Sie in den Schuppen«, forderte Bein ihn auf, und de Schangnau ließ sich hereinführen. Er solle sich bücken, sonst beschmutze er sich, hier sei ein Handtuch und da ein Becken mit frischem Wasser. Es sei nur Nasenbluten, das gehe schnell vorüber, hörte er Bein sagen, während er das nasse Tuch gegen sein Gesicht preßte, das sich rot färbte.

Herr Bein habe sonderbare Manieren, meinte der Bankier endlich, wie das Blut gestillt war.

»Das Leben, nur das Leben«, bedauerte der andere. »Ich schlug Sie nieder, damit Sie wissen, mit wem Sie es zu tun haben, keine Enttäuschung erleben, und ein zweites Mal hoffe ich es nicht tun zu müssen. Es wäre mir peinlich, denn ich bin ein höflicher, doch konsequenter Mensch. Und nun geben Sie mir Ihre Karte.«

Sie standen in einem kleinen Holzschuppen voller Fässer, in den das Licht durch ein kleines Fenster mit verstaubten Scheiben fiel. Auf einer Kiste stand das Becken, nun mit blutigem Wasser, und daneben lag das Handtuch, ebenfalls blutig, alles sichtlich vorbereitet. Neben der Türe ein Haken, ein schwerer Hammer und ein großer Meißel.

Das Mädchen war auch hereingekommen, schaute de Schangnau an und aß am zweiten Nußgipfel.

Bein las die Karte, die ihm der Bankier übergeben hatte, nahm eine Brieftasche aus seiner Jacke und legte die Karte hinein. »Bertram Freiherr von Schangnau, Bankier, Rue Pestalozzi 10, Yverdon«, sagte er. »Ist das mit dem Freiherr in Ordnung?« »Nein«, sagte de Schangnau.

»Sehen Sie, das dachte ich mir doch«, meinte der andere. »Verkracht? Habe es in der Zeitung gelesen, Ihre Bank ist flötengegangen. Nun wollen wir sehen, was Sie bei sich haben.« Er trat auf den Bankier zu, mit ruhigen Bewegungen, eigentlich durchaus sympathisch, durchsuchte de Schangnaus Taschen, tastete ihn ab, als suche er Waffen. »Sieben Franken sechzig«, sagte er, indem er de Schangnaus Portemonnaie leerte. Eine Quittung könne er ihm leider nicht geben, und auch die Fahrkarte nicht lassen, wirklich, es tue ihm leid, und auch die goldene Armbanduhr sei zum Leben nicht unbedingt nötig.

Der Bankier wehrte sich nicht, zuckte nur bedauernd die Achseln, er hatte am Faustschlag genug, und nach Heldentum war ihm nicht zumute, der falsche Freiherrtitel, eben eingestanden, enthob ihn dieser Zumutung. Eine Gauloise, fragte Bein und hielt ihm ein geöffnetes Zigarettenetui hin. Der Bankier dankte, es rieche nach Benzin, in den Fässern sei wohl solches enthalten, und so sei ihm das Rauchen denn doch zu gefährlich. Wie der Freiherr wünsche, antwortete der andere und steckte sich eine Gauloise in Brand, blies den Rauch durch die Nase. Was dies nun alles bedeute, fragte de Schangnau. Er habe vor, ein Geschäft zu machen, erklärte Bein die merkwürdige Szene. Am liebsten möchte er einen Zigarrenladen eröffnen, doch nicht hier in Konigen, das ihm nicht liege, sondern in Zürich. Er brauche

Kultur, gute Musik, anständiges Theater, hier komme er auf den Hund, moralisch und finanziell. Das sei ein löblicher Entschluß, bestätigte de Schangnau, jedenfalls bedeute dies dem gegenüber, was Herr Bein jetzt treibe, einen Fortschritt.

»Wir sind wohl beide gleich weit vom Zuchthaus«, stellte der andere fest, »Sie haben den Stöpsel in die Luft gesprengt.«

Woher er das wisse, fragte der Bankier, dem seine Lage deutlicher wurde, nun doch bereit, eine Zigarette zu rauchen. Bein schwieg. Ob er ihn erpressen wolle, forschte de Schangnau.

»Warum nicht?« gab der andere seine Absicht endlich zu, schaute den Bankier nachdenklich an und gab ihm Feuer.

Es gehe noch einen Nußgipfel kaufen, es habe noch Geld von dem Mann, sagte das Mädchen, dem es im Schuppen langweilig geworden war, öffnete die Türe und hüpfte davon. Die beiden traten auch hinaus und standen nun in der Sonne. Von der Fabrik her gingen Arbeiter an ihnen vorbei. »Ihr Vorschlag?« fragte de Schangnau und blickte nach einer Frau, die auf einem Balkon Wäsche von der Leine nahm.

»Zwanzigtausend.«

Soviel könne er nicht zahlen, antwortete der Bankier.

»Weiß ich«, sagte Bein, »Sie sind ruiniert, und so können Sie sich mein Schweigen nicht leisten.«

Dem Bankier kam die Begegnung immer unwirklicher vor. Warum er denn diesen Vorschlag gemacht habe?

Um ihm eine Chance zu geben, antwortete der andere in seiner rätselhaften Art, dies verlange die Höflichkeit, auch wenn kaum eine Möglichkeit vorhanden sei, daß der

Freiherr davonkomme. Zwanzig für sein Schweigen sei recht und billig, denn zwanzig hätte man ihm geboten.

»Wofür?« fragte de Schangnau.

»Damit ich Sie töte«, sagte Bein.

Nun fing eine Frau auf einem anderen Balkon an, Teppich zu klopfen, ihr folgten weitere Frauen, dicke, gesunde Frauenzimmer mit gewaltigen Armen und Kräften. War das Gespräch eher behutsam geführt worden, so mußten nun die beiden schreien, wollten sie sich einander verständlich machen, dazu hatten sie einem Lastwagen auszuweichen, der in den Hof gefahren kam, von dem Arbeiter lange Eisenstangen abluden.

Er könne natürlich auch den Auftraggeber erpressen, erklärte Bein durch den Lärm hindurch, und auch in diesem Falle würde er zwanzig verlangen, er gehe korrekt vor, ehrenhaft auch im zweifelhaften Geschäft.

Herr Bein scheine unentschlossen, stellte de Schangnau fest.

Er wisse, wer das Heimatmuseum in die Luft gesprengt und wer die Bombe hergestellt habe, schrie der andere, dies gelte es auszunützen. Wissen sei Macht.

Der Bankier, durch die Nähe der Arbeiter und der Frauen mutig geworden, überdrüssig der verwirrenden Situation, trat zu Bein und faßte ihn am Pelzkragen.

»Herr«, schrie er und hatte Mühe, sich im immer tosenderen Lärm verständlich zu machen, denn nun klopften an die zehn Frauen ihre Teppiche aus, und unter bösartigem Zischen entwich eine Dampfwolke der Fabrik, »Herr«, schrie er, »von wem Sie zwanzigtausend verdienen wollen, indem Sie mich zu ermorden suchen oder einen anderen zu erpressen, ist mir gleichgültig. Ich hoffe nur, daß Sie einsehen, wie dumm und gemein Sie handeln.«

Ob Herr de Schangnau dies wirklich glaube, erbleichte der andere, nahm die Hände des Bankiers von seinem Kragen und zog den Überraschten aus dem Hof in die Seitengasse, wo er ihn fahren ließ.

»Das Leben, nur das Leben«, stammelte er bestürzt, »es ist das erste Mal, daß ich so etwas mache. Ich habe nicht die geringste Erfahrung. Auch dem Antrag, Sie zu töten, stehe ich hilflos gegenüber, ohne Ahnung, wie man das anstellt, wir sind schließlich in Konigen und nicht in Paris oder Chicago. Ich bin für jeden Rat dankbar, glauben Sie mir. Und vor allem habe ich Angst, scheußliche Angst, es könne schiefgehen.«

Sie gingen zur Hauptstraße, Bein hatte das Rosige verloren und war nun nichts weiter als ein hilfloser, schüchterner Bursche. Ob er ihn in seine Wohnung einladen dürfe, fragte er den Bankier, sie sei nicht weit von hier. De Schangnau schüttelte den Kopf. Er wisse genau, wo Bein wohne, sagte er, er habe das Mädchen in der Türe stehen sehen, doch in Anbetracht der Aufträge, die Herr Bein entgegennehme, lasse er einen Besuch lieber bleiben.

»Schade«, sagte Bein.

Er bedaure auch, entgegnete der Bankier, er gehe nun zur Polizei und sei entschlossen, sein Mißgeschick zu gestehen. Ob er dann auf ihn zu sprechen komme, fragte der andere.

»Natürlich.«

Wie sie die Hauptstraße erreichten, stand das Mädchen wieder da, durchfroren, immer noch Nußgipfel essend und neugierig auf die beiden starrend.

Zum Centralplatz gehe es hier hinunter, sagte Bein, etwas kleinlaut, immer der Hauptstraße nach. Die Polizei befinde sich neben der Schweizerischen Kreditanstalt.

De Schangnau nickte, er habe sich schon bei einem Polizisten erkundigt.

»Ich will Sie nicht hindern«, sagte Bein, »Sie sind ein freier Mann. Hören Sie sich die Brüder einmal an. Handeln Sie nicht überstürzt. Kommen Sie nicht gleich mit einem Geständnis, suchen Sie zu erfahren, wie weit die schon im Bilde sind. Ich meine es gut mit Ihnen, glauben Sie mir.«

Beins Unverschämtheit sei ebenso groß wie seine Naivität, lachte de Schangnau. »Ich werde die Brüder vor allem einmal bitten, Sie anzuhören.«

Der junge Mann schüttelte traurig den Kopf. »Sie verkennen die Situation«, sagte er. »Ich bin überzeugt, daß die Polizei nicht ahnt, wer den Stöpsel demolierte. Es wäre nicht fair, sich unter diesen doch günstigen Umständen fallenzulassen und zu gestehen.«

Da ihn das wunderliche Ansinnen Beins belustigte, schüttelte de Schangnau den Kopf, wenn auch nicht ohne eine unerklärliche Beunruhigung. Auch bemerkte er, wie jenseits der Straße immer noch der Stadtbaumeister stand. Nichts schien sich seit dieser merkwürdigen Begegnung verändert zu haben.

»Ich bin ehrlich mit Ihnen«, fuhr Bein fort, nun schlotternd vor Kälte und dampfenden Atems. »Meine Chance ist, zwanzigtausend zu verdienen, und Sie wünschen davonzukommen. Wenn Sie sich der Polizei übergeben, bin ich verloren, weil ich das Geld nicht habe, und Sie sind es, weil Ihnen niemand glauben wird. Gestehen Sie nicht, besteht Hoffnung, daß ich ein kleines Vermögen finde, sei es auch, indem es mir gelingt, Sie zu töten, doch besteht auch Hoffnung für Sie: die nämlich, daß Sie mich besiegen und Konigen unerkannt verlassen. Sie bleiben frei, wenn Sie sich nicht der Polizei übergeben, damit treten Sie jedoch auch in eine Zone der Gefahr und des Kampfes, das gebe ich zu. Doch gerade dies sollte einer nicht vermeiden. Leben Sie wohl, Freiherr, Sie haben sich zu entscheiden. Es war ein Gespräch unter Männern. Ich hoffe, Sie wiederzusehen, mein schweres Ziel zu erreichen, und wünsche Ihnen alles Gute.«

Bein nahm die Hand seines Töchterchens und schritt der Altstadt zu, wandte sich jedoch noch einmal um. »Das Leben, nur das Leben«, stammelte er und winkte wehmütig dem Bankier zu, der denn auch dem Anfänger in einem so bedenklichen Beruf zunickte, so daß sie nicht unfreundlich voneinander schieden.

Erstes Telefongespräch

Nach zwei Schritten in der Richtung auf den Centralplatz hin blieb er wieder stehen und begann an seine Ehe zu denken. Unvermittelt, möglicherweise um nicht über seinen Fall, über die Zerstörung des Stöpsels, über Bein nachdenken zu müssen. Er stand vor dem Schaufenster der Metzgerei Ziel.

Madeleine Le Locle hatte er vor nun zwölf Jahren geheiratet, die Ehe war die ersten Jahre glücklich gewesen; mit dem jungen Bankier, der sein Geld verschleuderte, ließ sich leben, doch dann war die Ehe abgestorben, wie ein Baum plötzlich abstirbt, dachte de Schangnau, man weiß nicht, warum. In diesem Augenblick vor der Metzgerei Ziel mußte er sich überlegen, wie eigentlich seine Frau jetzt aussehe, er sah immer das blonde verfrorene Mädchen vor sich mit dem dünnen roten Rock, das ihn zu Bein gebracht und ihn an seine Tochter Yvette erinnert hatte, wenn er an Madeleine dachte. Vielleicht, daß seine Frau in der Jugend so ausgesehen hatte oder daß sie jetzt so aussah, so frierend, so arm. Er wünschte mit einemmal, mit ihr zu telefonieren, und wollte schon die Straße überqueren, weil eine Telefonkabine auf der anderen Straßenseite stand, doch hielt er ärgerlich inne. Er hatte kein Geld.

Er schritt zu seinem Hotel zurück, froh, ohne daß er sich dies recht eingestand, seinen Besuch bei der Polizei aufschieben zu können. Zwar verirrte er sich. Er stand unvermutet von neuem vor dem Stöpsel, flüchtete zurück, stand wieder vor ihm. Nun war auch die Presse angerückt, Photographen, Journalisten, eine noch größere Menschenansammlung als vor einer Stunde. De Schangnau erreichte den ›Wilhelm Tell‹.

Anhang

Nachwort zu ›Das Versprechen‹

Der vorliegende Roman ist mit dem Film, der leider den Titel *Es geschah am hellichten Tag* führt, auf folgende Weise verknüpft: Im Frühjahr 1957 bestellte der Produzent Lazar Wechsler bei mir eine Filmerzählung. Thema: Sexualverbrechen an Kindern. Beabsichtigt war, vor dieser leider immer häufigeren Gefahr zu warnen. Ich lieferte eine Erzählung ab, eine Vorfassung des Romans, die ich später mit dem Regisseur des Filmes, Ladislao Vajda, zu einem Drehbuch verarbeitete, das sich zum größten Teil eng an die Filmerzählung hielt. Es liegt mir daran, hier festzuhalten, daß der Film meinen Intentionen im Wesentlichen entspricht, daß der Roman einen andern Weg gegangen ist, stellt keine Kritik an der hervorragenden Arbeit des Regisseurs dar. Der Grund liegt allein darin, daß ich mich nach der Fertigstellung des Drehbuches noch einmal an die Arbeit machte. Ich griff die Fabel aufs neue auf und dachte sie weiter, jenseits des Pädagogischen. Aus einem bestimmten Fall wurde der Fall des Detektivs, eine Kritik an einer der typischsten Gestalten des neunzehnten Jahrhunderts, und so schoß ich notgedrungen über das Ziel hinaus, das der Film, als eine Kollektivarbeit, sich setzen mußte.

Geschrieben 1958 für die erste Buchausgabe.

Friedrich Dürrenmatt im Diogenes Verlag

● **Das dramatische Werk**
in 17 Bänden:

Es steht geschrieben / Der Blinde
Frühe Stücke. detebe 250/1

Romulus der Große
Ungeschichtliche historische Komödie. Fassung 1980. detebe 250/2

Die Ehe des Herrn Mississippi
Komödie und Drehbuch. Fassung 1980. detebe 250/3

Ein Engel kommt nach Babylon
Fragmentarische Komödie. Fassung 1980. detebe 250/4

Der Besuch der alten Dame
Tragische Komödie. Fassung 1980. detebe 250/5

Frank der Fünfte
Komödie einer Privatbank. Fassung 1980. detebe 250/6

Die Physiker
Komödie. Fassung 1980. detebe 250/7

Herkules und der Stall des Augias
Der Prozeß um des Esels Schatten
Griechische Stücke. Fassung 1980. detebe 250/8

Der Meteor / Dichterdämmerung
Nobelpreisträgerstücke. Fassung 1980. detebe 250/9

Die Wiedertäufer
Komödie. Fassung 1980. detebe 250/10

König Johann / Titus Andronicus
Shakespeare-Umarbeitungen. detebe 250/11

Play Strindberg / Porträt eines Planeten
Übungsstücke für Schauspieler. detebe 250/12

Urfaust / Woyzeck
Bearbeitungen. detebe 250/13

Der Mitmacher
Ein Komplex. detebe 250/14

Die Frist
Komödie. Fassung 1980. detebe 250/15

Die Panne
Hörspiel und Komödie. detebe 250/16

Nächtliches Gespräch mit einem verachteten Menschen / Stranitzky und der Nationalheld / Das Unternehmen der Wega
Hörspiele und Kabarett. detebe 250/17

● **Das Prosawerk**
in 12 Bänden:

Aus den Papieren eines Wärters
Frühe Prosa. detebe 250/18

Der Richter und sein Henker
Der Verdacht
Kriminalromane. detebe 250/19

Der Hund / Der Tunnel / Die Panne
Erzählungen. detebe 250/20

Grieche sucht Griechin / Mr. X macht Ferien / Nachrichten über den Stand des Zeitungswesens in der Steinzeit
Grotesken. detebe 250/21

Das Versprechen / Aufenthalt in einer kleinen Stadt
Ein Requiem auf den Kriminalroman und ein Fragment. detebe 250/22

Der Sturz / Abu Chanifa und Anan Ben David / Smithy / Das Sterben der Pythia
Erzählungen. detebe 250/23

Theater
Essays, Gedichte und Reden. detebe 250/24

Kritik
Kritiken und Zeichnungen. detebe 250/25

Literatur und Kunst
Essays, Gedichte und Reden. detebe 250/26

Philosophie und Naturwissenschaft
Essays, Gedichte und Reden. detebe 250/27

Politik
Essays, Gedichte und Reden. detebe 250/28

Zusammenhänge/Nachgedanken
Essay über Israel. detebe 250/29

Außerdem liegt vor:
Über Friedrich Dürrenmatt
Essays, Aufsätze, Zeugnisse und Rezensionen von Gottfried Benn bis Saul Bellow. Chronik und Bibliographie. Herausgegeben von Daniel Keel. detebe 250/30

● Das zeichnerische Werk

Bilder und Zeichnungen
Mit einer Einleitung von Manuel Gasser und Kommentaren des Künstlers. Diogenes Kunstbuch

Die Heimat im Plakat
Ein Buch für Schweizer Kinder. Zeichnungen. Mit einem Geleitwort des Künstlers. kunst-detebe 26

Das Versprechen
Aufenthalt in einer kleinen Stadt

»Das rote Kleid eines ermordeten Kindes, der unvermeidliche Inspektor, die Worte ›bestialischer Mörder‹ und ›Sexualverbrecher‹ im Werbetext – und dennoch geht es hier nicht, wie bisher, um die Zutaten. Vielmehr sind die Zutaten da, aber sie werden anders behandelt, eine erfrischend neue Sicht der Polizeiarbeit. Ich bin versucht, *Das Versprechen* mit erlesenstem Simenon zu vergleichen. Es hat die gleiche kompakte Länge, es hat einige derselben Qualitäten – klare Beschreibung, die Fähigkeit, ein Verbrechen so real zu machen wie irgendeines in der Zeitung, und eine sehr menschliche Einstellung gegenüber der Polizei.«
Hammond Innes / The New York Times Book Review

»Das Versprechen ist ein subtiles und starkes Werk, aber auch eine fesselnde Lektüre. Als Krimi liest man es in einem Zug. Und wenn man atemlos am Schluß angelangt ist, vergißt man es nicht so rasch, wie das bei rein unterhaltenden Erzählungen der Fall ist; es hinterläßt tiefe Spuren.«
Claude Mauriac / Le Figaro, Paris

»Ein großer Roman, das epische Seitenstück zum *Besuch der alten Dame*. Eine von Intelligenz, Realismus und Phantasie nahezu berstende Geschichte.«
Walter Jens / Die Zeit, Hamburg

ISBN 3-257-**20852**-9 [6.80]